L. K. Weber

Das ABC
der Formenlehre

Eine Einführung
in die Welt der musikalischen Formen

für den Musikunterricht;

für Musizierende, Rundfunkhörer,
Konzertbesucher —
und alle, die es werden wollen.

ZIMMERMANN · FRANKFURT

ZM 2400

Inhalt

An Stelle eines Vorwortes

«Was ist eigentlich Formenlehre?» Wird sich der Leser fragen, wenn er den Titel dieses Büchleins sieht.

Die Antwort könnte lauten: Formenlehre beschäftigt sich mit dem Aufbau von Musikwerken.

Das ist allerdings zu einfach. Jedes echte Kunstwerk ist eine Aussage seines Schöpfers. Es hat also eine Botschaft für den Hörer, einen bestimmten Inhalt. Eine Form ohne Inhalt ist genauso undenkbar wie ein Inhalt, der sich nicht in einer klaren Form ausdrückt.

Form und Inhalt gehören also zusammen, wenn auch in den verschiedenen Epochen das Gewicht zwischen beiden Komponenten unterschiedlich war: die Barockzeit betonte mehr das Formale, die Romantik mehr den Inhalt, die persönliche Aussage.

«Warum soll ich mich mit Formenlehre beschäftigen?» wäre dann eine weitere Frage.

1. Die Musikrezeption (Aufnahme durch den Hörer) ist besonders schwierig, weil Musik lediglich im Augenblick ihres Erklingens existent ist. Daher kommt es, daß wir zunächst einmal vor allem die Wirkung von Musik auf unser Gefühl wahrnehmen. Hören wir das gleiche Stück mehrmals, so steigert sich der Genuß in der Regel. Man gewinnt eine größere Vertrautheit, die ihre Ursache darin hat, daß man allmählich immer mehr Zusammenhänge erkennt, die ausschließlich gefühlsmäßig nicht zu erfassen sind, z. B. Merkmale des Aufbaus und der Gestaltung. Damit wächst auch das Verständnis für ein Werk; wir vermögen zumindest in Ansätzen zu ahnen, wie der Komponist beim Schaffensprozeß vorgegangen ist.

2. Mancher Instrumentalist hat sich schon einmal im Improvisieren versucht. Oft wunderte er sich, daß seine Zuhörer den immer neuen Einfällen, die er seinem Instrument entlockte, nur bedingt Anerkennung zollten. Er übersah, daß eine endlose Aneinanderreihung von Neuem unübersichtlich, ja unverständlich ist. Erst die Gliederung in Abschnitte, die Wiederkehr von Gedanken oder Teilen verschafft dem Hörer die Möglichkeit, sich zu orientieren und damit auch größere Zusammenhänge zu erfassen.

Bringt der Hörer einige Grundkenntnisse über die Gestaltung eines Musikstücks nach überkommenen Aufbauplänen mit, so wird ihm die Orientierung auch in unbekannten Musikstücken erleichtert.

Die traditionellen Aufbauprinzipien von Musik sind aber Gegenstand der Formenlehre, die somit auch für den Hörer eine praktische Bedeutung hat.

Allerdings sollte man sich von Anfang an darüber klar sein: «Form» ist kein absoluter Wert, der vom Hörer wie auch vom Komponisten als «Gebrauchsanweisung» («man nehme…») benutzt werden kann.

«Form» ist als eine Grundidee der Gestaltung zu verstehen, die jederzeit vielfältige Abwandlungen ermöglicht.

In der Formenlehre geht es um klingende Musik. Erkenntnisse können wir nur durch Untersuchung von charakteristischen Beispielen gewinnen. Diese Beispiele müssen mit Worten erklärt werden; es ist aber mindestens genau so wichtig sie zu hören. Um dies zu ermöglichen sind die Beispiele in unserem Buch so gewählt, daß sie z. T. mit einfachsten Mitteln von einem Instrumentalisten selbst zum Klingen gebracht werden können, zum anderen aber als ,,Standardwerk'' der Musik ständig auf Schallplatte oder Cassette erreichbar sind oder auch in den Programmen der Rundfunksender immer wieder auftauchen.

«Standardwerke» sind stets in mehreren Aufnahmen in den Katalogen der Schallplattenfirmen anzutreffen. Deshalb kann hier auf eine Discographie, die nur zu schnell veralten und damit ihren Wert verlieren würde, verzichtet werden.

In diesem Heft werden Grundbegriffe der musikalischen Fachsprache wie Intervall, Kadenz, Modulation usw. nicht näher erklärt. Genauere Definitionen finden sich im «ABC der Musiklehre» von L. K. Weber, ZM 1940. Musikverlag Zimmermann, Frankfurt am Main

I. «Kleine Ursache, große Wirkung»

oder

das Motiv als Ausgangspunkt jeder Komposition.

Vergleichen wir ein musikalisches Werk mit einem literarischen, so ergeben sich gewisse Parallelen:

Ein Roman ist in einzelne Kapitel gegliedert; jedes Kapitel hat Abschnitte, die aus Sätzen bestehen; Sätze sind aus Worten zusammengesetzt und das Wort schließlich besteht aus einzelnen Buchstaben.

Ein größeres musikalisches Werk — etwa eine Sinfonie — besteht ebenfalls aus großen Teilen, den Sätzen, in denen kleinere Abschnitte und charakteristische Tonfolgen festzustellen sind, deren Grundbestandteile — vergleichbar den Buchstaben — die einzelne Töne sind.

So wie ein einzelner Buchstabe nur in seltenen Fällen (etwa als Ausruf) einen Sinn ergibt, ist auch der einzelne Ton in der Regel ohne weiterführende Bedeutung. Es müssen schon mehrere — mindestens zwei — Töne zusammengefügt werden, damit ein dem Wort vergleichbarer sinnvoller Zusammenhang entsteht.

Diese kleinste charakteristische Tonfolge bezeichnen wir als *Motiv*, wenn sie für den weiteren Verlauf des Stückes oder wenigstens eines seiner Abschnitte von Bedeutung ist.

Also: nicht jede Tonfolge ist ein Motiv.
Ein Motiv ist eine Tonfolge, die
- — Ausgangspunkt für eine Weiterentwicklung,
- — Kennzeichen eines Teils ist,
- — den Zusammenhalt eines Stückes oder seiner Teile gewährleistet.

Das steckt auch schon in der Bezeichnung: *Motiv* kommt vom Lateinischen «movere» = bewegen.

Ein Motiv ist also eine Tonfolge, «die etwas in Gang setzt», es ist der Antrieb oder die Triebkraft eines Geschehens.

Wie in aller Musik sind in jedem Motiv die Grundelemente

Melodik = die Auf- und Abbewegung der Töne,
Rhythmik = die unterschiedliche Länge der Töne,
Harmonik = der Zusammenhang verschiedener Töne

enthalten. Von ihnen sind die beiden ersten immer vorhanden, wenn auch einmal das eine oder andere stärker in den Vordergrund tritt.

Versuchen wir uns das an Beispielen klar zu machen.

Beethovens berühmte 5. Sinfonie in c-Moll (op. 67 aus dem Jahr 1807/08) beginnt mit einer Folge von vier Tönen, die

– melodisch ein abwärtsgerichtetes Intervall (kleine Terz),
– rhythmisch einen aus drei Tönen bestehenden Auftakt zum wichtigen letzten Ton hin bilden.

Diese Tonfolge ist – vor allem rhythmisch – so markant, daß man sie auch dort im weiteren Verlauf des Stückes wiedererkennt, wo das Anfangsintervall geändert wird, d. h. der tiefere vierte Ton einen kleineren oder größeren Abstand zum Auftakt hat.

Das Beispiel zeigt uns auch bereits, wie lang ein Motiv sein muß: es muß einen Zusammenhang darstellen, der sofort wiederzuerkennen ist.
Hier ist dies der aus drei gleichen Tönen bestehende Auftakt und der anschliessende tiefere Zielton.

Diese Vier-Ton-Folge ist so charakteristisch, daß sie uns – selbst bei Abwandlungen – sofort bekannt vorkommt. Sie ist also ein Motiv – *das* Motiv, das für den 1. Satz der Sinfonie bestimmend ist.

7

Betrachten wir den Anfang des zweiten Satzes dieser Sinfonie, so begegnet uns dort ein Motiv, das zwar auch eine auffällige rhythmische Gestalt hat, bei dem aber die melodische Komponente überwiegt. Daher muß hier die Tonfolge etwas länger sein; vier Töne reichen nicht.

Viola + Vc.

Und nehmen wir den Anfang des zweiten Satzes aus Beethovens Klaviersonate op. 57 in f-Moll («Appassionata»), so bildet das Anfangsmotiv eigentlich nur die Kadenz T-S-T der Grundtonart; es ist also in erster Linie harmonisch bestimmt.

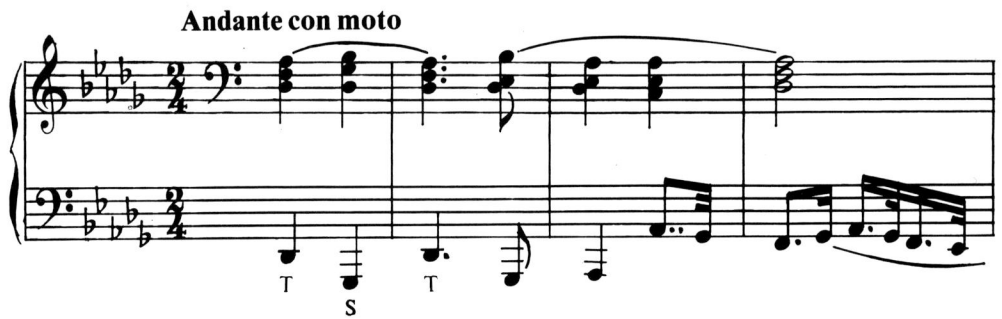

Vom Motiv zum fertigen Werk ist ein langer Weg. Ein Motiv kann auch dem Laien einfallen. Er steht dann vor der Frage: Wie geht es nun weiter?
Welche Antwort soll auf die Frage gegeben werden, als die man ein Motiv ansehen kann?
Daß eine endlose Aneinanderreihung immer neuer Motive letzlich nur Verwirrung stiftet, sagten wir schon. Sehen wir uns musikalische Werke an, so zeigt sich, daß die Komponisten immer wieder bestimmte Grundmuster der Weiterführung eines Motivs angewendet haben.

1. Die wörtliche Wiederholung als Beantwortung des Motivs

Die einfachste Art der Beantwortung ist die sofort an das erste Erklingen des Motivs anschließende Wiederholung.

Sie kommt in vielen einfachen Liedern vor.

Winter a - de, scheiden tut weh...

Aber auch Werke der «großen» Musik weisen diese einfachste Form der Weiterführung eines Motivs auf, z.B. das zweite Thema in Bruckners Sinfonie Nr. 4 in Es-Dur (1881).

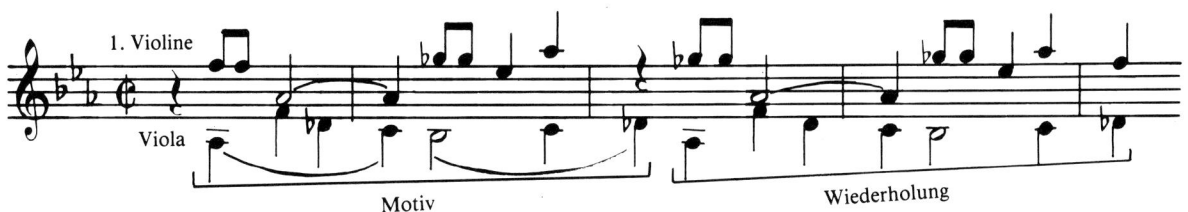

2. Die Beantwortung durch Sequenzierung des Motivs

Sehr häufig wird das Motiv auf einer anderen – höheren oder tieferen – Tonstufe wiederholt. Diese Form der Wiederholung bezeichnet man als *Sequenz*. Dabei ist zu beachten, daß die Sequenz in der Regel die Töne der Grundtonart benutzt, wodurch sich einige Intervalle des Grundmotivs verändern können. Genaue Beibehaltung aller Intervalle würde u. U. aus der Tonart herausführen.

a) einfache Sequenzbeantwortung (Intervalle werden beibehalten).

b) Sequenzbeantwortung mit durch die Tonart bedingter Intervalländerung.

c) Sequenzbeantwortung mit harmonisch bedingten Änderungen. (Beethoven, Leonore-Ouvertüre Nr. 3).

3. Die Beantwortung durch Umkehrung des Motivs

Von einer *Umkehrung* spricht man, wenn die Intervalle einer Melodie im Grunde gleich bleiben, ihre Richtung aber ändern: aus aufwärtsgehenden Intervallen werden abwärtsgehende und umgekehrt.
Auf diese Weise wird die Bewegungsrichtung eines Motivs oder einer ganzen Melodie umgekehrt.
Man kann sich die Umkehrung auch als Spiegelung an einer waagerechten Spiegelebene vorstellen.

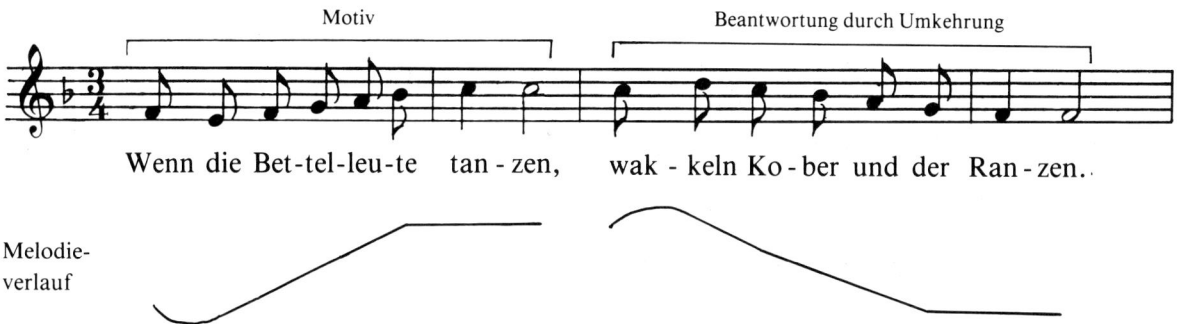

Wie schon bei der Sequenz erwähnt, können auch bei der Umkehrung eines Motivs geringfügige Intervalländerungen vorkommen, damit die Tonart erhalten bleibt.

Der Begriff «Umkehrung» kann aber auch frei angewendet werden. Betrachten wir dazu den Anfang des 1. Satzes von Mozarts «Kleine Nachtmusik» (Serenade Nr. 13 in G-Dur, KV 525).

11

Das Motiv umfaßt die beiden ersten Takte und besteht aus den Tönen des Tonikadreiklangs, die nach zweimaligem «Anlauf» im 1. Takt im folgenden Takt vollständig in Aufwärtsrichtung erklingen. Die beiden folgenden Takte haben die gleiche rhythmische Struktur wie das Motiv und sie bestehen ebenfalls nur aus Dreiklangtönen, allerdings aus denen des D^7.

Beide Merkmale lassen uns eine Verwandtschaft der beiden Abschnitte vermuten. Der entscheidende Unterschied der Takte 3 und 4 besteht darin, daß die Töne des D^7 im Wesentlichen abwärts gehen.

Daraus ergibt sich die Deutung:

Takt 1 + 2 = Motiv, bestehend aus Tonikadreiklang aufwärts.

Takt 3 + 4 = Beantwortung durch Umkehrung, bestehend aus dem D^7 abwärts.

Dieses Beispiel soll schon im einfachsten Bereich ein Grundmerkmal der Formenlehre zeigen:

Formenlehre ist nie eine «Gebrauchsanweisung» für den Komponisten gewesen. Vielmehr haben die Komponisten instinktiv ihren Werken eine logische und übersichtliche Formung gegeben. Daß sie dabei auch dem persönlichen wie dem Zeitgeschmack Zugeständnisse machten, ist nur zu verständlich. Doch ergeben sich beim Vergleich einer genügend großen Zahl von Beispielen gewisse Grundtypen des Aufbaus, die aber einen großen Spielraum für die individuelle Gestaltung bieten.

Dieser Spielraum erfordert von dem, der den Aufbau eines Werkes untersucht, viel Phantasie, damit auch er in der individuellen Gestaltung den Grundtypus entdeckt. So gesehen kann Formbetrachtung ein genauso aufregendes Abenteuer sein, wie es für den Komponisten der Schaffensprozeß war.

4. Beantwortung durch ein neues Motiv

Dem Laien scheint dies die einfachste Möglichkeit zu sein. Er vergißt dabei
allerdings zu leicht, daß das Motiv mit einer konkreten Frage zu vergleichen ist,
auf die eine bestimmte Antwort folgen muß; d. h. das neue Motiv muß das erste
ergänzen, fortführen, sodaß eine neue, größere, harmonische Einheit entsteht.
Häufig besteht zwischen beiden Motiven ein Gegensatz wie z. B. am Anfang
des 3. Satzes von Beethovens 5. Sinfonie.

Hier besteht zwischen den ersten vier Takten und den folgenden ein charakteristischer Unterschied:

Takt 1 – 4 = großer Umfang (Oktave + Sexte), im wesentlichen Fortschreitung in Dreiklangstönen, unbegleitete Melodie in tiefer Lage.	Takt 5 – 8 = kleiner Umfang (Septime), Fortschreitung in kleineren Intervallen, vor allem Sekunden, Melodie in höherer Lage mit akkordischer Begleitung.

5. Weitere Abwandlungen des Motivs

Außer der Sequenz und der Umkehrung gibt es noch weitere Abwandlungen des Motivs, die sowohl als Beantwortung als auch im weiteren Verlauf eines Stückes als Verarbeitung des Motivs erscheinen können.

Melodisch kann das Motiv verändert werden, indem einige oder alle Intervalle enger oder weiter gemacht werden.

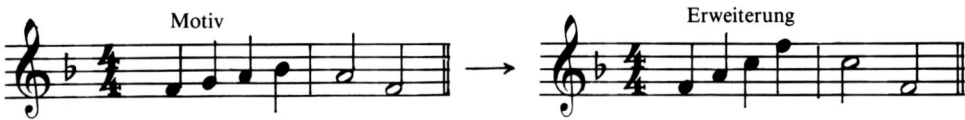

Rhythmisch kommt vor allem die *Vergrößerung* oder *Verkleinerung* der Notenwerte des Motivs in Frage.

Es ist aber auch die *Verlängerung* oder *Verkürzung* einzelner Töne möglich, sodaß der ursprüngliche Rhythmus des Motivs umgestaltet wird.

Da melodische und rhythmische Veränderungen gleichzeitig auftreten können, werden u. U. die Beziehungen zum Ausgangsmotiv immer lockerer. Es kann soweit kommen, daß der Ursprung kaum noch erkennbar ist.

III. «Klein — aber vollkommen»
oder
das erste vollständige Kunstwerk

Wenn man ein Motiv und seine Beantwortung gehört hat, bleibt noch immer eine Unzufriedenheit zurück, weil man eine Weiterführung bis zu einem befriedigenden Schluß erwartet.

Wir müssen uns fragen: Welches ist wohl die kleinste musikalische Einheit, die uns keinen Wunsch nach Weiterführung mehr offen läßt?

Vorjahrslied (Heinrich Albert, 1642)

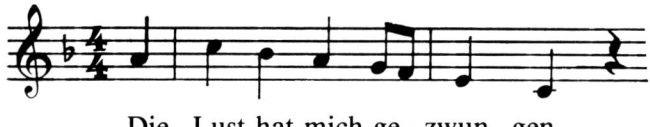

Die Lust hat mich ge - zwun - gen,

Motiv
: besteht im wesentlichen aus einer Tonleiter abwärts

zu fah - ren in den Wald,

Beantwortung
: besteht im wesentlichen aus einer Tonleiter aufwärts = freie Umkehrung mit rhythmischer Veränderung

wo durch der Vö - gel Zun - gen

Weiterführung
: besteht im wesentlichen aus einer Tonleiter aufwärts = freie Umkehrung (s.o.) oder freie Sequenz der Beantwortung.

die gan - ze Luft er - schallt.

Schluß
: besteht aus der Umspielung des Tons g und dessen Auflösung in den Grundton f = Kadenz
D → T

Dieses kleine Lied erfüllt, obwohl es nur acht Takte umfaßt, unsere Erwartungen.

Wie obiges Schema zeigt, läßt sich der größte Teil des verwendeten Materials auf das Motiv zurückführen; lediglich der «Schluß» weicht mit seiner starken Betonung des Tons g (auf zwei Taktschwerpunkten) als Bestandteil der Dominante und des abschließenden Grundtons f (= T) ab und gibt uns das Gefühl, «am Ziel» zu sein.

Die Abschnitte des Liedes lassen sich beim Durchsingen oder -spielen auch rein gefühlsmäßig erfassen.

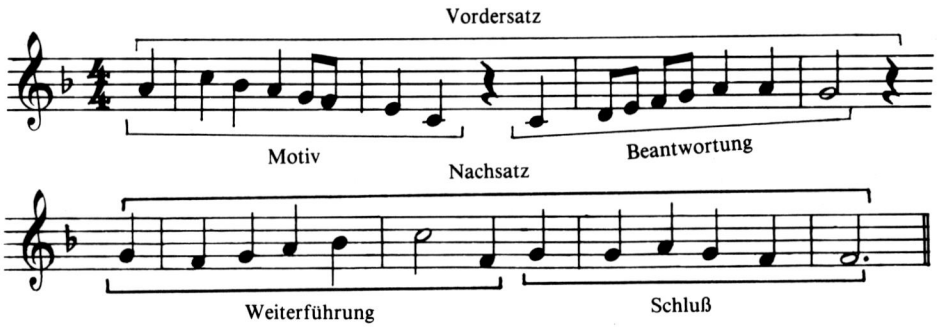

Selbst wenn wir an den Gliederungspunkten keine Pausen stehen hätten, würden wir wohl an diesen Stellen − nicht nur wegen der Textgliederung − atmen oder auf dem Instrument absetzen.

Es zeigt sich aber auch, daß die Gliederungspunkte nicht alle das gleiche Gewicht haben.

Der Einschnitt zwischen Motiv und Beantwortung verlangt das sofortige Weitergehen, dagegen kommt der Melodiefluß *nach* der Beantwortung zunächst einmal für einen Augenblick zur Ruhe.

Dieser Einschnitt ist also ein wichtigerer Gliederungspunkt als der vorher und nachher liegende.

Dadurch ergibt sich eine Gliederung des ganzen Liedes in zwei Hälften mit je vier Takten.

Wir bezeichnen die erste Hälfte als den *Vordersatz*, die zweite als *Nachsatz*, das ganze Gebilde auch als *Satz* . Meistens erscheinen im Nachsatz Gedanken des Vordersatzes (in unserem Beispiel: doppelte Verbindung der Takte 5/6 mit Takt 1/2 = freie Umkehrung des Motivs und mit Takt 3/4 = freie Sequenz der Beantwortung), damit die Teile eng miteinander verbunden sind und der Satz Einheitlichkeit erhält.

Die Einheitlichkeit kann so weit gehen, daß die beiden Hälften des Satzes im Wesentlichen aus den gleichen Tönen bestehen und sich lediglich in den Abschlüssen unterscheiden.

Ein gutes Beispiel ist der Anfang des Schlußchors aus Beethovens 9. Sinfonie.

Einen solchen Aufbau nennt man *periodisch*.

Ähnlich wie unser erstes Lied sind zahlreiche einfache Lieder (Kinderlieder) gebaut, z. B. *Ännchen von Tharau; Kommt ein Vogel geflogen; Trara, es tönt wie Jagdgesang.*

Aber auch manche Themen von bedeutenden Instrumentalwerken zeigen diesen Aufbau:

W. A. Mozart, Klaviersonate A-Dur KV 331, 1. Satz

Joh. Brahms, 1. Sinfonie, 1. Thema des 4. Satzes

Allegro molto

Diese kleinste in sich abgeschlossene musikalische Einheit, die oft aus einem einzigen, achttaktigen Satz besteht, bezeichnet man als die

einteilige Liedform.

Allerdings kommt es auch oft zu Erweiterungen, indem Abschnitte notengetreu oder in Abwandlung eingefügt werden.

Z. B. bei *Felix Mendelssohn-Bartholdys* «*Leise zieht durch mein Gemüt*» neun Takte durch Dehnung des Schlusses.

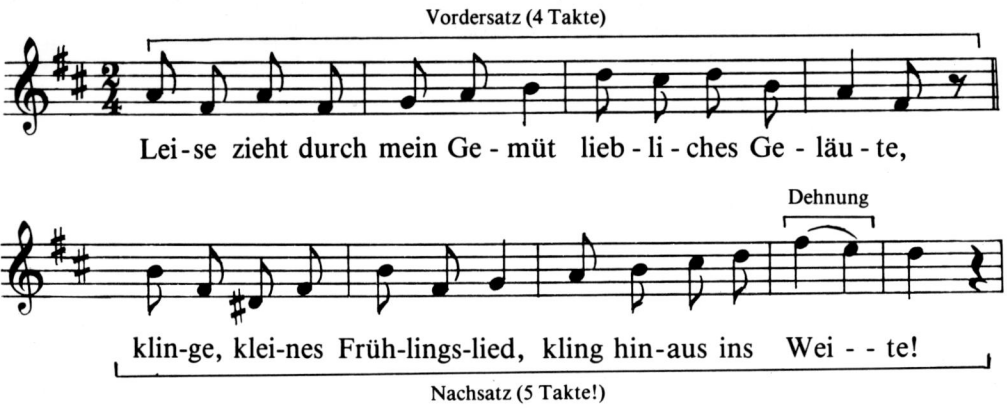

Im Volkslied «*Und in dem Schneegebirge*» zehn Takte durch Wiederholung der beiden ersten Takte des Nachsatzes.

IV. «Wiedersehn macht Freude»

oder

die Reihungsformen

Meistens haben sich die Komponisten nicht mit der Erfindung eines (evtl. erweiterten) Satzes begnügt. Das, was sie uns mitteilen wollten, war mehr. Wie bei der Sprache muß eine umfangreichere Aussage aus mehreren Sätzen bestehen. Die Aneinanderreihung mehrerer musikalischer Sätze muß also zu größeren Formen führen.

1. Die zweiteilige Liedform

Betrachten wir das bekannte Nachtwächterlied «*Hört ihr Herrn und laßt euch sagen.*»

In manchen Gegenden besteht dieses Lied lediglich aus den beiden ersten Zeilen. Die Untersuchung zeigt sehr deutlich, daß es sich dabei um eine «regelgerechte» einteilige Liedform handelt, die aus einem achttaktigen, in Vorder- und Nachsatz gegliederten Satz besteht.

In anderen Gegenden hat das Lied aber noch eine Fortsetzung entsprechend den Zeilen 3 und 4.

Daß dieser Teil etwas wirklich Neues darstellt, zeigt sich an verschiedenen Merkmalen:

- $^6/_4$ Takt statt $^4/_4$ Takt;
- es fehlen die charakteristischen Tonwiederholungen;
- während im ersten Teil die Melodieabschnitte fast immer abwärts gerichtet sind, zeigen sie im zweiten Teil eine regelmäßige Auf- und Abbewegung.

Auch dieser 2. Teil stellt einen Satz dar, sodaß wir aufgrund der Unterschiede sagen können:
hier sind zwei vollständige Teile aneinandergefügt, die von verschiedenen Motiven ausgehen.

Es handelt sich also um eine *zweiteilige Liedform*.
Vereinfacht läßt sich dieser Aufbau darstellen, wenn wir jedem in sich abgeschlossenen Teil einen Buchstaben zuordnen. Dann können wir für die beiden verschiedenen Teile die Buchstaben a und b verwenden; der zweiteiligen Liedform würde also das Formschema

$\boxed{\text{a — b}}$

entsprechen.

Es gibt auch Beispiele, die aus zwei Sätzen bestehen, bei denen aber der zweite Satz große Ähnlichkeit mit dem ersten hat. So ist das z. B. in *Beethovens Vertonung* des «*Lied des Marmottebuben*» aus Goethes «Jahrmarktsfest zu Plundersweiler».

Das Notenbeispiel zeigt, daß in beiden Teilen die beiden ersten Takte von Vorder- und Nachsatz identisch sind. Die beiden folgenden Takte unterscheiden sich dadurch, daß sie im Vordersatz zur Dominante führen, im Nachsatz dagegen zur Tonika.

Auffällig ist aber auch, daß in beiden Teilen (also Zeile 1/2 und 3/4 sowohl Rhythmus, Verlauf der Melodie als auch bestimmte Tonfolgen z. B. die im Kreis stehenden Töne) weitgehend übereinstimmen.

In diesem Falle wäre es gut, die Verwandtschaft der Teile auch im Formschema zum Ausdruck zu bringen. Dies geschieht so, daß die Verwandtschaft durch den gleichen Buchstaben, der Unterschied durch einen Zusatz zum zweiten Buchstaben angezeigt wird.

Für unser Beispiel wäre der Aufbau also

$$a - a^1$$

Auch in der Instrumentalmusik gibt es zahlreiche Beispiele für die zweiteilige Form.

Das Thema des 2. Satzes der bereits erwähnten «*Appassionata*» (Klaviersonate f-Moll, op. 57) von *Ludwig van Beethoven* ist ein Beispiel dafür.

Der zweite Satz unterscheidet sich vor allem durch die lebhaftere Rhythmik vom ersten, sodaß wir hier als Formschema

a — b

verwenden müssen.

2. Die dreiteilige Liedform

Wenn man das bisher beschriebene System nun weiterverfolgt, steht einer Erweiterung von Stücken durch anfügen immer neuer Teile eigentlich nichts im Wege.

Tatsächlich gibt es Lieder, in denen drei verschiedene Abschnitte aneinandergereiht werden.

a

Es, es, es und es, es ist ein har - ter Schluß,
weil, weil, weil und weil, weil ich aus Frank - furt muß.

b

Drum schlag ich Frankfurt aus dem Sinn und wende mich Gott weiß, wo - hin.

c

Ich will mein Glück pro - bie - ren, mar - schie - ren.

Wie das Notenbeispiel zeigt, hat jeder Teil (= Zeile) eine andere Gestalt. Für dieses Lied gilt also das Formschema:

‖:a:‖ — b — c

Beispiele dieser Art sind aber selten.

Am häufigsten ist der Aufbau, wie wir ihn in dem Lied «*Drunten im Unterland*» finden.

Dieses Lied besteht aus drei viertaktigen Abschnitten, von denen der erste und der letzte gleich sind; als Formschema ausgedrückt:

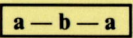

Hierbei scheint die Wiederholung der ersten Zeile nicht berücksichtigt zu sein. Dazu sollten wir uns merken, daß durch Wiederholungszeichen abgetrennte Abschnitte nur dann als eigene Formteile gelten, wenn sie – wie z. B. im Lied «Es, es es ...» – mit einem neuen Text versehen sind. In allen anderen Fällen bleiben solche Wiederholungen im Formschema unberücksichtigt.

Beispiele für diese *dreiteilige Liedform* oder auch *Bogenform* sind in der Literatur sehr häufig.

Das hat seine Ursache vielleicht darin, daß diese Form für den Hörer besonders leicht zu erfassen ist und daß es ihm Freude macht, in der Wiederkehr des Anfangsteils (daher auch «*Da-capo-Form*», vom Italienischen «da capo» = von vorn) einen «alten Bekannten» zu erkennen.

3. Die Barform

Während die Bogenform (a — b — a) seit dem Barock immer häufiger verwendet wurde, kannte das ausgehende Mittelalter ein anderes Formideal.
Die Meistersinger im 15. und 16. Jahrhundert, die ihre Musikausübung sehr strengen Regeln unterwarfen, ließen einzig und allein Lieder zu, deren 1. Teil sich notengetreu mit neuem Text wiederholt, ehe ein neuer Teil folgt.

Bar wurde diese Form ┃ **a — a — b** ┃ genannt, worin der Teil a als «*Stollen*», der Teil b als «*Abgesang*» bezeichnet wird.

Beispiele dafür finden sich verständlicherweise haupsächlich unter den alten Liedern.

a — Ach, bitt - rer Win - ter, wie bist du kalt,

a — du hast ent - lau - bet den grü - nen Wald,

b — du hast ver - blüht die Blüm - lein auf der Hei - den.

Gelegentlich kommt auch die Form

┃ **a — b — b** ┃

vor, die man als *Gegenbar* bezeichnet.

Weit verbreitet ist dagegen die Abwandlung der Barform, die man in dem alten Lied «*Der Winter ist vergangen*» (Text nach einer Handschrift von 1537, Melodie aus einem Lautenbuch um 1600) findet.

a — Der Win - ter ist ver - gan - gen, ich seh des Mai - en Schein.

a — ich seh' die Blüm - lein pran - gen, des ist mein Herz er - freut.

b — So fern in je - nem Ta - le, da ist gar lu - stig sein,

a — da singt Frau Nach - ti - ga - le und manch Wald - vö - ge - lein.

Hier wird also an einen Bar
(a — a — b) eine weitere Wiederholung des Stollens angehängt:

a — a — b — a

also auch hier: «Wiedersehen macht Freude».

Allerdings zeigen Stücke, die nach diesem Schema gestaltet sind, bereits deutlich, daß das Erkennen der Zusammenhänge wichtiger ist als die Zuordnung zu einem bestimmten Formbegriff.

Zwar bezeichnet man die Form a — a— b — a als *Reprisenbar* (Reprise = Wiederholung). Mit dem Bar stimmen auch tatsächlich die beiden ersten Stollen überein.

Aber bereits der Abgesang verliert seine Funktion, denn er wird hier vom Schluß- zum Mittelteil. Und berücksichtigt man, daß die beiden ersten Abschnitte (a — a) den gleichen Umfang wie die beiden folgenden (b — a) haben, so ergeben sich Verbindungen zur zweiteiligen (Erweiterung des b-Teils durch Wiederholung von a) wie auch zur dreiteiligen Form (‖: a :‖ b — a).

Die Rechtfertigung einer eigenen Form ergibt sich lediglich durch die unterschiedlichen Textierung der beiden ersten Stollen.

4. Die zusammengesetzte dreiteilige Liedform

Der aufmerksame Leser wird schon längst die Bedeutung der Kapitelüberschrift «Wiedersehen macht Freude» erkannt haben. Durch die Wiederholung eines bekannten Teils nach einem sich unterscheidenden Abschnitt verschafft der Komponist dem Hörer die Freude des Wiedererkennens, aber auch einen Ruhepunkt im Hörprozeß.

Wer nämlich ein mehrteiliges Stück während des Hörens wirklich genau verfolgen will, muß sehr konzentriert sein, damit er die Abschnitte unterscheiden kann.

Die Wiederkehr eines bereits gehörten und erkannten Teils erleichtert die Gliederung und gibt dem Hörer die Gelegenheit, sich für kurze Zeit vom konzentrierten Hören zu «erholen», bis ein neuer Teil wieder seine Aufmerksamkeit erfordert.

Ausgerüstet mit den bisher gesammelten Kenntnissen vermögen wir bereits recht komplizierte Zusammenhänge zu erkennen.

In allen Sinfonien Haydns und Mozarts erscheint – in der Regel als 3. Satz – ein Menuett.

So auch in *Haydns Sinfonie Nr. 101 in D-Dur* aus dem Jahre 1794, die nach einer gleichmäßig tickenden Begleitfigur im 2. Satz den Beinamen «Die Uhr» erhielt.

Untersucht man das Menuett dieser Sinfonie, so zeigt sich, daß er aus drei großen Teilen besteht, von denen der erste und dritte gleich sind. Im Notenbild wird diese Gleichheit besonders deutlich, wenn der dritte Teil überhaupt nicht aufgeschrieben wird, sondern durch den Vermerk «*Menuetto Da Capo*» am Schluß des zweiten Teils die Wiederholung des ersten Teils verlangt wird.

Eine genauere Analyse zeigt aber, daß jeder große Teil weiter untergliedert ist und dem Formschema der dreiteiligen Liedform folgt.

Der 1. und 3. Teil, das eigentliche «*Menuett*», hat zwei gegensätzliche Abschnitte:

Der zweite Teil ist «*Trio*» überschrieben. Auch er hat zwei unterschiedliche Abschnitte.

Um den Aufbau dieses Sinfoniesatzes deutlich machen zu können, müssen wir für die großen Teile Großbuchstaben, für die Untergliederung wie bisher kleine Buchstaben verwenden. So ergibt sich:

A	—	B	—	A
a — b — a		c — d — c		a — b — a
Menuett		Trio		Menuett

Die Komponisten haben auch bei dieser nun schon recht umfangreichen und komplizierten Form Hilfen für den Hörer eingebaut.

Die Bezeichnung «*Trio*» für den Teil B zeigt an, daß anfänglich auf den vom ganzen Orchester gespielten A-Teil ein von nur drei Instrumenten gespielter und sich dadurch deutlich abhebender Abschnitt B folgt.

Auch in unserem Beispiel unterscheidet sich das Trio durch die solistische Herausstellung der Flöte und des Fagotts deutlich vom Gesamtklang des vollen Orchesters in den Außenteilen.

Es ist leicht einzusehen, daß nach dem hier aufgezeigten System eine Vielzahl von zusammengesetzten Formen gebildet werden kann.
Der Erfindungskraft der Komponisten und der Entdeckerfreude des Hörers sind keine Grenzen gesetzt.

5. Das Rondo

In den Werken der großen Meister finden sich Stücke, die dem Hörer die Freude des Wiedererkennens eines charakteristischen Anfangsteils noch häufiger (mindestens dreimal) vermitteln.

Nehmen wir als Beispiel den Schlußsatz aus *Bachs Violinkonzert in E-Dur* (BWV 1042).
Er beginnt mit einem einprägsamen Teil des Streichorchesters:

a

Streichorchester

Deutlich hebt sich davon ein neuer Teil ab, in dem die Solovioline mit Figurenwerk im Vordergrund steht, begleitet vom Generalbaß (= Violoncello, Kontrabaß und Cembalo).

Es schließt sich die Wiederholung des a-Teils an, worauf die Solovioline mit
einem neuen Teil folgt, der in cis-Moll steht und von Akkorden der Violinen
und Bratschen begleitet wird.

Dieses Prinzip des Wechsels von Teil a mit immer neuen Teilen setzt sich nun
fort. Jeweils durch a getrennt folgen weitere Abschnitte der Solovioline: Teil d,
der leicht am Doppelgriffspiel des Solisten zu erkennen ist;

Teil e, der durch ein neues rhythmisches Motiv sehr virtuos klingt.

Insgesamt ergibt sich für diesen Satz der Aufbau:

a — b — a — c — a — d — a — e — a

Das Erkennen der Gliederung wird erleichtert durch den klanglichen Unterschied des vom ganzen Orchester gespielten Teils a und den der Solovioline überlassenen übrigen Teile (b, c, d, e).

Dieser Aufbau wird als *Rondo* bezeichnet.

Das Rondo stammt vom geselligen Rundgesang oder Rundtanz ab, in denen Gesang oder Tanz einzelner mit Gesang oder Tanz aller regelmäßig abwechseln. Diese Anfänge lassen sich schon im 10./11. Jahrhundert nachweisen.
Das Rondo wurde im Mittelalter zum kunstvollen *Refrainlied,* in dem das *Couplet* mit wechselnden Texten (solistisch vorgetragen) und der *Refrain* mit gleichbleibendem Text (von allen gesungen oder getanzt) regelmäßig einander folgen. Betrachtet man in einem solchen Lied nur den Text, so erhalten wir — wenn wir den Refrain mit a, das Couplet mit b usw. bezeichnen — das bekannte Formschema:
a — b — a — c — a — d — a — ...... — a
Die Gliederung der Musik ergibt allerdings nur
a — b — a — b — a — b — a — ...... — a.

Auch das instrumentale Rondo kann seine Herkunft aus der geselligen Unterhaltung nicht verleugnen.
Seine Gliederung ist auch dann besonders klar und übersichtlich, wenn das Grundschema durch Varianten erweitert wird. Vor allem der tänzerische, oft volkstümliche Charakter des Hauptthemas (a) ist charakteristisch.

Beliebt war das Rondo in der Wiener Klassik, wo es sehr häufig als Schlußsatz in Sonaten, Sinfonien und Kammermusikwerken (z. B. Quartett, Trio usw.) verwendet wird.

Allerdings wird die bisher betrachtete Form in einer charakteristischen Weise abgewandelt: Nach dem Zwischenteil c kehren die davorliegenden Teile noch einmal wieder. So entsteht der Aufbau:

$$a — b — a — c — a — b — a$$

Dieses Schema stellt eine gewisse Annäherung an die Bogenform dar.
Häufig wird auch noch ein besonderer Schlußteil, *Coda* genannt, angehängt.

Als Beispiel dazu höre man sich an:
Ludwig van Beethoven, Sonate pathétique, (Nr. 8, c-Moll, op. 13), letzter Satz,
Ludwig van Beethoven, «Die Wut über den verlorenen Groschen» , (Rondo a capriccio G-Dur, op. 129).

Es gibt noch viele weitere Abwandlungen des Rondos.
So sei etwa daran gedacht, daß

- die a-Teile geringfügig verändert werden können, sodaß das Schema
$a — b — a^1 — c — a^2 — \ldots — a^x$ entsteht;

- die einzelnen Teile selbst unterteilt sein können, z. B;
$$A \quad - \quad B \quad — \quad A \quad — \quad C \quad — \quad A \quad — \ldots — A$$
$$(a — b — a) \qquad (c — d — c)$$

- die meistens vorhandene motivische Verbindung der Zwischenteile mit dem Hauptteil so eng wird, daß erstere wirklich nur noch als Abwandlung des a-Teils erscheinen:
$a — a^1 — a — a^2 — a — \ldots — a.$

Wichtig für den Hörer, der sich mit dem Aufbau von musikalischen Werken beschäftigen will, ist, daß er auch das Rondo nicht als ein starkes Konstruktionsprinzip betrachtet. Ein Rondo ist eben nicht nur an der mindestens dreimaligen Wiederkehr des a-Teils erkennbar. Vielmehr kommen zu den formalen Kriterien gerade beim Rondo auch die inhaltlichen:
die Volkstümlichkeit und der Tanzcharakter der Themen.
Form und Inhalt gehören zusammen.

Im zurückliegenden Kapitel haben wir kennengelernt, wie durch Aneinanderreihung von Teilen immer kompliziertere formale Gebilde entstehen.

Der Leser wird nun interessiert sein, die erworbenen Kenntnisse einmal an einem größeren Beispiel zu erproben.

Wir wollen dazu das *Brandenburgische Konzert Nr. 1 in F-Dur* (BWV 1046) von *Johann Sebastian Bach* wählen, das in vielen Schallplattenaufnahmen vorliegt.

Sowohl das Etikett der Platte als auch die Plattenhülle geben einen ersten Hinweis auf die Gliederung des Werkes:

Es weist vier Sätze auf, von denen die drei ersten durch die Tempobezeichnungen Allegro, Adagio und Allegro charakterisiert sind.

Merkwürdig ist die Bezeichnung des 4. Satzes:

Menuett I – Trio I – Menuett II – Polacca –
Menuett III – Trio – II – Menuett IV.

Welche Bedeutung diese komplizierte Bezeichnung hat, erschließt sich dem aufmerksamen Hörer leicht:

Er erkennt schon beim ersten Anhören, daß sich das am Anfang erklingende Menuett noch dreimal notengetreu wiederholt. Menuett I – IV meint also lediglich die vier Wiederholungen des gleichen Stückes, nicht vier verschiedene Menuette.

Beim ersten Erklingen werden die Teile des zweiteiligen Menuetts wiederholt, wobei die Wiederholung als «Echo» – also leiser – und oft, der barocken Aufführungspraxis folgend, nur von den Bläsern ausgeführt wird.

Beim späteren Wiedereintritt des Menuetts fallen die Wiederholungen weg. Es wird dann ganz vom vollen Orchester (Streicher, Oboen, Hörner und Fagott) gespielt und ist nicht zu überhören.

Der mit *Trio I* bezeichnete Abschnitt ist durch seine Besetzung mit 2 Oboen und Fagott ein echtes «Trio», das sich klanglich sehr gut vom Menuett abhebt.

Auch durch die Änderung des Tongeschlechts nach Moll wird die Abgrenzung erleichtert. Formal unterscheidet sich das Trio I durch seine Dreiteiligkeit: $a - b - a^1$.

Nach der ersten Wiederholung des Menuetts (Menuett II) folgt eine *Polacca*. Sie unterscheidet sich nicht nur durch das Fehlen der Bläser im Klangbild, sondern auch mit den durchlaufenden Sechzehnteln der Melodiestimme von den die Eins des Taktes stark hervorhebenden vorangegangenen Sätzen.
Ebenso auffällig ist der über lange Strecken festgehaltene Baßton (Orgelpunkt).

Nach einer erneuten Wiederholung des Menuetts (Menuett III) folgt das *Trio II*, wieder von einer solistischen Bläserbesetzung – diesmal aus 2 Hörnern und Oboe bestehend – gespielt.
Der markanteste Unterschied des zweiteiligen Stückes ist aber der $^2/_4$-Takt.

Zum vierten Mal erklingt nun das Menuett und beschließt den ganzen Satz.

Betrachten wir nun das Ergebnis unsrer Analyse, so zeigt sich, daß der 4. Satz des 1. Brandenburgischen Konzerts im Grunde ein Rondo ist, dessen einzelne Teile von selbständigen Tanzformen gebildet werden.

A	—	B	—	A	—	C	—	A	—	D	—	A
Menuett		Trio I		Menuett		Polacca		Menuett		Trio II		Menuett
Orchester				Orchester				Orchester				Orchester
(Tutti)				(Tutti)				(Tutti)				(Tutti)
		2 Oboen				Streicher				2 Hörner		
		+ Fagott								+ Oboe		

V. «Aus Alt mach' Neu»

oder

die Variationsformen

Schon in den vorausgegangenen Kapiteln war öfter davon die Rede, daß vorhandene musikalische Gebilde abgewandelt werden können.
Für «abwandeln», «verändern» läßt sich auch der Begriff «variieren» einsetzen.

Variation setzt in jedem Fall das Vorhandensein eines bereits geprägten Grundgedankens voraus. Dieser kann ein Motiv sein. Das variierte Motiv kann dann zu einer ersten formalen Abrundung benutzt werden (vgl. Kapitel II).

Er kann aber auch ein bereits nach anderen Formgesetzen gestalteter Abschnitt sein (z. B. zwei- oder dreiteilige Liedform); wird er variiert so entstehen neue Formabschnitte, die Variation wird zum formbildenden Prinzip.

Der Grundgedanke wird als *Thema* bezeichnet.

Ein Thema, das variiert werden soll, muß bestimmte Merkmale aufweisen:
es muß knapp gefaßt,
leicht zu merken,
formal klar gebaut und
harmonisch einfach sein.
Je einfacher nämlich ein Thema ist, desto mehr Möglichkeiten der Veränderung gibt es.

Aus diesem Grund werden und wurden häufig Volkslieder als Thema für Variationen verwendet. Eine solche Wahl hat aber auch noch einen anderen Vorteil: das Thema ist dem Hörer schon bekannt, der dann leichter verfolgen kann, was der Komponist mit seinem Ausgangsmaterial anfängt. Auch die Leistung des Komponisten ist dann besser zu ermessen.

Bei Variationen geht es aber nicht nur um die Leistung des Komponisten. Vielmehr sind Variationen oft auch so angelegt, daß die Fähigkeiten eines Interpreten besonders zur Geltung kommen.

Formal gesehen stellen Variationen eine Reihung dar, nach dem Prinzip

$$a - a^1 - a^2 - a^3 - \ldots\ldots$$

Bei der Betrachtung der Variationen als Formprinzip gilt es zu untersuchen, worin der Unterschied zwischen a und a^1 usw. besteht.

1. Die strenge oder figurative Variation und die freie oder Charaktervariation

Versuchen wir Wesentliches an einem sehr bekannten Werk *Mozarts*, den *Variationen über «Ah! vous dirai-je, Maman»* (KV 265) zu erkennen.

usw.

Das Thema, ein französisches Lied, ist sehr einfach und leicht zu merken. Mozart hat es rhythmisch so verändert, daß es fast nur aus Viertelnoten besteht.

Ein so einfaches Thema läßt sich vielfältig abwandeln:

– die Töne der Melodie können in immer neuer Weise umspielt werden:

1. Variation

– die Begleitung kann umspielt werden:

2. Variation

– der Rhythmus von Melodie und/oder Begleitung kann geändert werden:

5. Variation

- das Tongeschlecht kann sich ändern:

8. Variation

- die Taktart kann geändert werden,
  was auch zu einer Änderung des
  Rhythmus zwingt.

12. Variation

In vielen Variationswerken werden die Notenwerte der Umspielungen von
Variation zu Variation kleiner, sodaß sich die Schwierigkeit der Ausführung
systematisch steigert.

Auch in größeren Werken kommen Variationssätze häufig vor.

Ein berühmtes Beispiel sind die Variationen über die frühere österreichische Kaiserhymne (und heutige Nationalhymne der Bundesrepublik Deutschland) im zweiten Satz von *Joseph Haydns Streichquartett in C-Dur op. 76, Nr. 3.*

Im Gegensatz zum vorigen Beispiel ist hier das Thema in seiner Originalgestalt in einer der vier Stimmen immer unverändert vorhanden, während die Veränderungen vor allem im Hinzufügen neuer Gegenstimmen besteht.

1. Variation
Melodie: 2. Violine
Umspielung: 1. Violine

2. Variation
Melodie: Violoncello
Umspielung: 1. Violine in Synkopen
(2. Violine oft 2. Stimme zur Melodie,
Viola spielt Grundtöne)

3. Variation
Melodie: Viola
Umspielung: synkopisches Motiv
(ähnlich der 2. Variation) erscheint in
den anderen Stimmen.

4. Variation
Wie das Notenbild zeigt, liegt die Melodie jetzt in der 1. Violine; die übrigen Stimmen ergänzen sie zu einem akkordischen Satz, dessen Harmonik aber wesentlich differenzierter ist als die des Originals.

42

Ähnlich gestaltet sind die Variationen aus *Franz Schuberts «Forellenquintett» (Klavierquintett op. 114)*. Schubert benutzt als Thema ein eigenes Kunstlied *«Die Forelle»*, das dem Stück (nachträglich) seinen Namen verschaffte. Allerdings vereinfacht er zunächst das Lied, indem er die kunstvolle, das Plätschern des Baches schildernde Klavierbegleitung wegläßt; die vier Streicher (Violine, Viola, Violoncello und Kontrabaß) spielen einen einfachen akkordischen Satz der Liedmelodie.

In den Variationen wandert zunächst das Thema fast unverändert durch die Stimmen (1. Variation: Klavier/2. Variation: Viola mit 2. Stimme im Violoncello/3. Variation: Violoncello und Kontrabaß). Die übrigen Streicher fügen in der 1. und 2. Variation eine Wellenbewegung hinzu.

Das Klavier ahmt in der 2. Variation die von Viola und Violoncello vorgespielten Melodieabschnitte mit einem Takt Abstand nach; in der 3. Variation spielt es virtuose Figuration.

Am Schluß, gewissermaßen als 6. Variation, erscheint dann das Lied in seiner lediglich auf Instrumente übertragenen Originalgestalt.

Eine besondere Rolle spielt die 4. und 5. Variation.

In der 4. Variation ändert sich das Tongeschlecht.

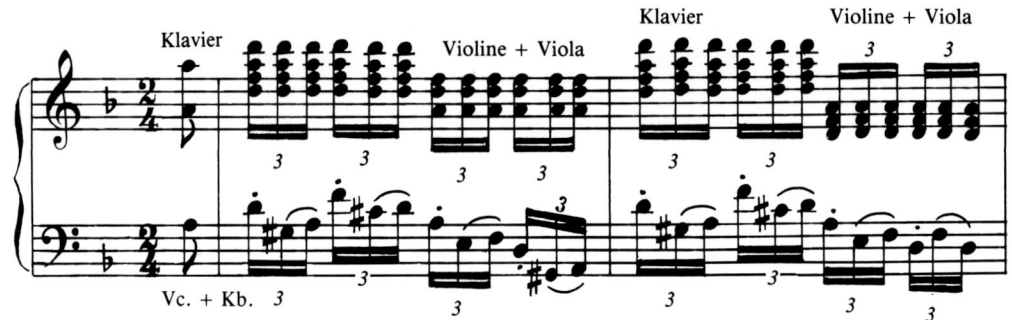

Die Melodie wird in eine Triolenbewegung aufgelöst, in der sich die massiven Akkorde im Klavier und in den hohen Streichern abwechseln.

Entscheidend ist, daß durch diese Veränderungen ein ganz neuer Charakter entsteht. Das bis dahin eher spielerisch wirkende Stück klingt jetzt stürmisch und dramatisch.

Schließlich stehen wir erstaunt vor der 5. Variation, die nur ganz geringe Ähnlichkeit mit dem Thema zu haben scheint und uns doch merkwürdigerweise vertraut klingt.

Sieht man sich die vom Violoncello gespielte Melodie genauer an, so erkennt man, daß sie bis zum Ende des ersten Taktes dem Thema entspricht, dann allerdings anders weitergeführt wird. Auch im weiteren Verlauf ergeben sich immer wieder Anklänge an das Original, ob es sich um melodische Wendungen oder auch rhythmische Eigenarten handelt. Aber immer wieder wird aus dem bekannt oder ähnlich klingenden Material etwas Neues, Unerwartetes gemacht.

In den letzten Beispielen haben wir die beiden Grundtypen der Variation kennengelernt:

— die *strenge Variation*, in der das Thema allgegenwärtig ist, weil die Veränderungen nie so weit gehen, daß das Thema nicht mehr erkennbar wäre. Da dieses Prinzip am einfachsten verwirklicht werden kann, indem die Melodietöne durch Figurenwerk umspielt werden, spricht man auch von *figurativen Variationen*.

— die *freie Variation*, die charakteristische Motive des Themas zum Ausgangspunkt für eine ganz neue Entwicklung nimmt.
Oft hat man den Eindruck, als wolle uns der Komponist sagen: «Seht, aus diesem charakteristischen Anfang des Themas kann man auch etwas ganz anderes machen!»
In diesen Fällen ist es oft die Stimmung, der Charakter, der sich verändert, weswegen wir dann auch von *Charaktervariationen* sprechen.

Als ein berühmtes Beispiel, in dem die Charaktervariationen dominieren, möge sich der interessierte Leser die «*Variationen über ein Thema von Haydn», op.56 von Johannes Brahms* anhören.

2. Spezialformen der Variation

In der Literatur kommen gelegentlich Stellen vor, an denen die ständige Beibehaltung einer kurzen Tonfolge in der Baßstimme auffällt.

Einen solchen Baß bezeichnet man als *Ostinato* - oder *Basso ostinato* (von lat.: obstinatus = hartnäckig).

Die ostinate Wiederholung eines kurzen Themas (meist nicht länger als acht Takte) im Baß kann die Grundlage für ein spezielles Prinzip der Variation sein:
Zu den Wiederholungen des Baßthemas erklingen in der (den) Oberstimme(n) immer wieder neue Gegenstimmen.
Dadurch gehören diese Variationen auch in den Bereich der im folgenden Kapitel zu behandelnden kontrapunktischen Formen, in denen solche selbständigen Gegenstimmen oder Kontrapunkte eine wichtige Rolle spielen.

Für diese Variationen über ein Baßthema gibt es die Bezeichnung *Passacaglia* und *Chaconne* bzw. *Ciacona*.

Eine genaue Unterscheidung zwischen Passacaglia und Chaconne ist nicht durchzuführen. Zwar heißt es, in der Passacaglia würde das Baßthema gelegentlich auch in andere, höhere Stimmen überwechseln, während es bei der Chaconne immer im Baß bliebe. Doch gibt es nicht genug Beispiele in der Literatur, die dies als Regelfall bestätigen könnten.

Wer ein exemplarisches Beispiel einer Passacaglia kennenlernen will, höre sich *J. S. Bachs Passacaglia c-Moll (BWV 582)* an, in der über einem achttaktigen Baßthema 20 Variationen und eine abschließende Fuge erklingen.

Fragt man einen Musikfreund, ob er es für möglich hält, eine Viertelstunde lang die ständige Wiederholung des gleichen musikalischen Materials anzuhören, so wird er wahrscheinlich spontan verneinen und evtl. noch anfügen, so etwas müsse ja sterbenslangweilig sein.

Und dennoch gibt es so etwas.

1928 schrieb *Maurice Ravel* (1875-1937) seinen *Bolero.* Der Bolero ist ein spanischer Volkstanz im $^3/_4$-Takt. Ravel benutzt für seine Komposition einen originalen Bolero-Rhythmus.

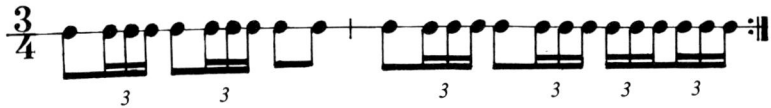

Dieses rhythmische Motiv durchläuft ostinat das Stück vom ersten bis zum letzten Takt.
Dazu erklingt ebenfalls ostinat eine Viertelbewegung in den tiefen Stimmen:

Darüber erklingen, ebenfalls sich ständig wiederholend, abwechselnd zwei spanische Volksmelodien:

Der Verlauf des Stückes läßt sich leicht in nebenstehender Tabelle verfolgen. Der Hörer kann dabei gleichzeitig seine Kenntnisse über die Instrumente eines Sinfonieorchesters auffrischen, denn die beiden Themen werden zunächst je zweimal von einzelnen Instrumenten, dann von wechselnden, immer größer werdenden Gruppen gespielt.
Erst nach der 18. Wiederholung (!) wird die Grundtonart C-Dur kurz verlassen. Doch im erreichten E-Dur erklingt nur ein kleiner Teil des Themas b, dann wird schon wieder nach C-Dur zurückmoduliert und das Stück endet mit der Alleinherrschaft des Bolerorhythmus, so wie es begonnen hat.

Diese Tabelle zeigt deutlich, daß Ravels «Bolero» zunächst einmal eine Reihung gleicher Teile ist. Sie zeigt aber genau so, daß keine der Wiederholungen den anderen gleicht, weil Ravel stets andere Instrumente oder Instrumentengruppen einsetzt. Insofern ist der «Bolero» auch eine Folge von Variationen, in denen als einziges Element die Klangfarbe variiert wird.

Zeichenerklärung
a = Thema a
b = Thema b
M = Melodie
V = ostinate Viertel
R = ostinater Bolerorhythmus

Wiederholung Nr.	1	2	3	4	5	6	7	8	9	10	11	12	13	14	15	16	17	18	Coda
einstimmig	a	a	b	b	a	a	b	b	a		b		a		b		a		Modulation nach E-Dur: Thema b acht Takte wie 18, dann Rückmodulation nach C-Dur; zuletzt alle Instrumente im Bolerorhythmus
akkordisch										a		b		a		b		b	
Piccolo									M			M	M	M	M	M	M	M	
Flöte 1	M		R			M	V		R		R	M	M	M	M	M	M	M	
Flöte 2		R		R			V		M			M	M	M	M	M	M	M	
Oboe 1								V		M		M	M	M	M	M	R	R	
Oboe 2								V				M	M	M	M	M	R	R	
Englisch Horn								V		M		M		M	M	M			
Oboe d'amore					M					M									
Klarinette Es				M															
Klarinette 1		M								M	V	M	M	M	V	M	R	R	
Klarinette 2										M	V	M	M	M	V	M	R	R	
Baßklarinette									V	V	V	V		V		V	V	V	
Saxophon Sopranino								M											
Saxophon Sopran								M						V	V	M	M	M	
Saxophon Tenor							M					M		M	V		M	M	
Fagott 1			M		R				V	V		V	V	V	V	V	V	V	
Fagott 2									V	V		V	V	V	V	V	V	V	
Kontrafagott											V	V	V	V	V	V	V	V	
Horn 1						R			M				R	V	R	R	R	R	
Horn 2									R		R		R	V	R	R	R	R	
Horn 3													V	R	V	R	R	R	
Horn 4										R		R	V	R	V	R	R	R	
Kleine Trompete																	M	M	
Trompete 1						M		R	V			R			M	V	M	M	
Trompete 2							R		V						V	V	M	M	
Trompete 3									R						V	V	M	M	
Posaune 1											M				V	M	V	M	
Posaune 2															V	V	V	V	
Posaune 3																V	V	V	
Tuba															V	V	V	V	
Pauken													V	V	V	V	V	V	
Kleine Trommel	R	R	R	R	R	R	R	R	R	R	R	R	R	R	R	R	R	R	
Harfe			V	V					V	V	V	V		V	V	V	V	V	
Celesta									M										
Violine 1						V		V	V			V	M	M	M	M	M	M	
Violine 2					V	V	V		V	V	V	R	V	M	M	M	R/V	R	
Viola	V	V	V	V	V	V	V	V	V	V	R	V	V	V	V	M	R/V	R	
Violoncello	V	V	V	V	V	V	V	V	V	V	V	V	V	V	V	M	R/V	R	
Kontrabaß					V	V	V	V	V	V	V	V	V	V	V	V	V	V	

49

VI. «Andre Zeiten – andre Sitten»

oder

die kontrapunktischen Formen.

Will man zu einer Volksliedmelodie eine Begleitung erfinden, so ergeben sich verschiedene Möglichkeiten:

Beispiel 1:

Die be - ste Zeit im Jahr ist Mai'n, da sin - gen al - le Vö - ge - lein.

Beispiel 2:

Die beste Zeit im Jahr ist Mai'n, da sin - gen al - le Vö-ge-lein. Himmel

Die beste Zeit im Jahr ist Mai'n, da singen al-le Vö-ge - lein.

Betrachten wir die beiden Beispiele, so ist klar, daß beide die gleiche Melodie haben.

Im 1. Beispiel bilden die zur Melodie hinzugesetzten beiden Stimmen mit dieser zusammen fast immer eindeutige Dreiklänge.

Im 2. Beispiel dagegen ist die «Begleitung» eine eigene, neue Melodie, die selbständig neben der Volksmelodie steht.

Damit haben wir die beiden großen Kompositionsarten kennengelernt, die uns immer wieder begegnen.

Wir bezeichnen die in Beispiel 1 angewendete Satztechnik als *homophon (Homophonie)*, die in Beispiel 2 als *polyphon (Polyphonie)*.

Jede dieser Kompositionsarten hatte Zeiten der Vorherrschaft. Während die Klassik und Romantik vorwiegend homophon bestimmt waren, herrschte vom ausgehenden Mittelalter bis zum Barock vor allem die Polyphonie.
Die Musik unserer Zeit weist Merkmale beider Techniken auf, wie auch die Klassik und Romantik immer wieder auf Satztechniken und Formen der Polyphonie zurückgriff.

1. Bachs Inventionen als Einführung in das Problem

Viele von Bachs Werken sind von ihm als Lehrwerke gedacht.
Das Vorwort zu den *«Inventionen»* (von lat.: inventio = Einfall, Erfindung)
sagt, daß in ihnen der Spieler

- mehrstimmig richtig spielen lernen soll;
- einen guten Anschlag erlangen soll;
- durch Erkennen des Aufbaus des Stückes eine Ahnung von der Komposition bekommen soll.

Einen solchen Einblick in eine polyphone Komposition wollen wir uns durch Betrachtung der 1. Invention verschaffen.

Der 1. Takt dieser Invention bringt bereits in der Oberstimme den Kerngedanken, aus dem das ganze Stück aufgebaut wird.

Dieser Kerngedanke läßt sich in zwei Motive (a und b) unterteilen, von denen das erste die größere Bedeutung hat. Das zeigt sich schon, wenn nach einem halben Takt die Unterstimme einsetzt. Sie spielt dann nämlich als «Begleitung» das Motiv a.

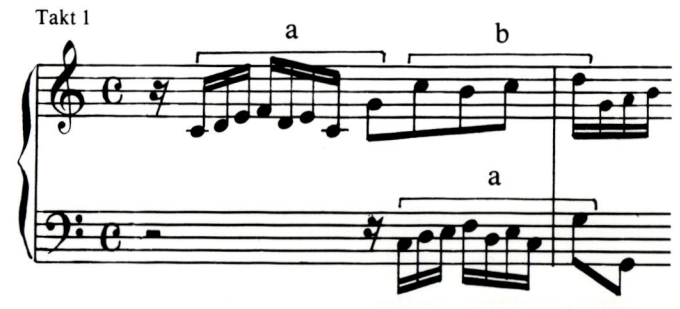

Die zeitliche spätere Wiederholung eines Motivs in einer anderen Stimme nennen wir Imitation.

52

Der 2. Takt stellt eine Wiederholung des 1. Taktes vom 5. Ton der Leiter (dem Dominantton) aus dar. Das ist leicht zu erkennen.

Die nächsten beiden Takte bringen in der Oberstimme eine Sequenz, der ein Motiv zugrunde liegt, das die gleiche Bewegung aufweist wie das Motiv a, jedoch in entgegengesetzter Richtung.

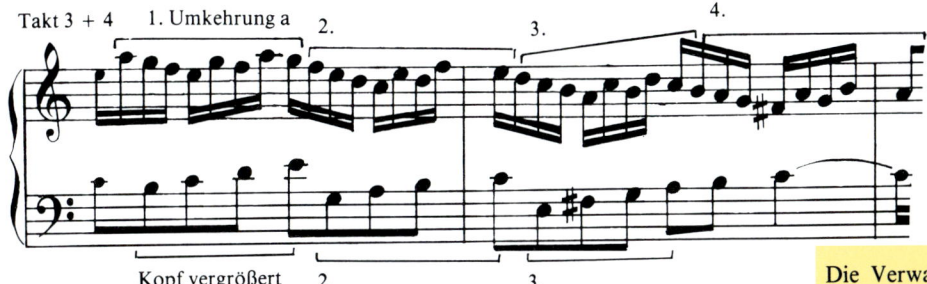

Die Unterstimme spielt gleichzeitig den Anfang (die ersten vier Noten) von Motiv a, den *Motivkopf*, jedoch in doppelt so großen Notenwerten als Sequenz.

53

Takt 5 bringt in der Unterstimme das Motiv a und den vergrößerten Motivkopf.
Die Oberstimme spielt in der zweiten Takthälfte die Umkehrung von a.

In Takt 6 werden die vorausgehenden Schlußtöne der Oberstimme (Terzsprünge) wie auch der vergrößerte Motivkopf in der Unterstimme weitersequenziert. Eine Kadenz (T-S-D-T) schließt den 1. Teil der Invention ab.
Diese Kadenz besteht allerdings aus den Hauptdreiklängen von G-Dur. Daraus ergibt sich, daß im 1. Teil eine Modulation von C-Dur nach G-Dur stattgefunden hat.

Der 2. Teil der 1. Invention umfaßt die Takte 7 bis 15 (1. Ton). Der Aufbau dieses Abschnitts ist leicht zu verstehen, denn Bach wiederholt im Prinzip den 1. Teil, wenn auch mit vertauschten Stimmen. Das heißt, daß jetzt die Unterstimme mit dem Kerngedanken beginnt und die Oberstimme in der 2. Takthälfte die Imitation des Motivs a bringt. Dem aufmerksamen Leser wird auffallen, daß dieser Teil um zwei Takte länger als der 1. Teil ist. Diese beiden zusätzlichen Takte lassen sich genau festlegen: es sind die Takte 9 und 10, in denen Bach mit der Umkehrung des Kerngedankens genau so arbeitet wie am Anfang des 2. Teils (Takt 7 und 8) mit der Originalgestalt des Kerngedankens.
Die harmonische Entwicklung in diesem Abschnitt beginnt in G-Dur und endet in a-Moll.

Der 3. Teil bringt ein neues Prinzip der Verwendung des vorhandenen Materials.

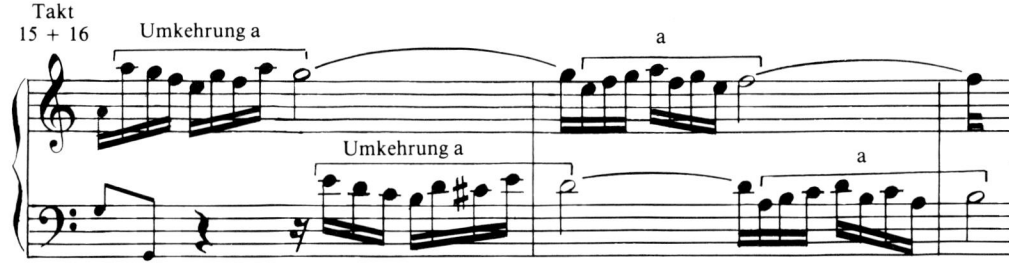

Wie das Notenbeispiel zeigt, beginnt in Takt 15 die Oberstimme mit der Umkehrung des Motivs a, die in der zweiten Takthälfte von der Unterstimme imitiert wird.
Takt 16 verfährt in gleicher Weise mit der Originalgestalt des Motivs a.
Die Takte 17 und 18 wiederholen die beiden vorhergehenden jeweils einen Ton tiefer, stellen also eine Sequenz dar.

In Takt 19 beginnt eine neue Sequenz, in der die Oberstimme das Motiv a, die Unterstimme gleichzeitig die vergrößerte Umkehrung des Motivkopfes verwendet. In Takt 20 setzt sich die Sequenz noch einmal fort. Der Rest erinnert im Aufbau an die Takte 5 und 6 und stellt die Schlußkadenz in der wiedererreichten Grundtonart C-Dur dar.

Die Analyse der 1. Invention Bachs zeigt, daß auch die Barockkomponisten nicht ohne Motive auskamen. Sie zeigt aber auch, daß Bach mit seinen Einfällen – zumindest in diesem Beispiel – sehr sparsam umging. Ist doch die ganze 1. Invention aus dem Motiv a und seinen Abwandlungen entstanden. Das Motiv b hat untergeordnete Bedeutung.

Vergleicht man das Motiv aus dieser Invention mit Motiven, die wir in Reihungsformen kennengelernt haben, so ergibt sich, daß Bach auch ein Motiv «anderer Art» verwendet.
Während sich die Motive der Reihungsformen in der Weiterentwicklung in der Regel zu symmetrischen Gebilden (4, 8, 16, 32 Takte) ordnen, werden sie hier ohne solche Rücksichten fortgeführt.
Das hat seine Ursache darin, daß das Motiv auf Fortspinnung (z. B. in Sequenzen) angelegt ist.

Eine solche Verwendung von Motiven ist im Barock dringend nötig, weil es keine reinen «Begleitstimmen» gibt. Alle Stimmen sind gleich wichtig und oft haben zweite und weitere Stimmen den gleichen oder fast den gleichen Verlauf wie die erste. Sie beginnen lediglich mit einer zeitlichen Verschiebung.
Dadurch werden symmetrische Gebilde verhindert.

Die formalen Gliederungspunkte, die die Abschnitte einer Komposition trennen, werden vor allem durch die harmonische Entwicklung mit ihren abschliessenden Kadenzen bestimmt.

2. Der Kanon

Johann Sebastian Bach verwendet im Schlußstück seiner *Goldbergvariationen* die Melodie eines Volksliedes aus Thüringen.

Dieses Lied ist eigentlich ein Kanon und damit ein Beispiel dafür, wie bei geeigneten Melodien ohne das Hinzuerfinden weiterer Stimmen trotzdem eine polyphone Mehrstimmigkeit möglich ist.

1. Stimme

Kraut und Rü - ben   ha - ben mich ver - trie - ben,

1. Stimme

hätt' mein Mutter Fleisch gekocht so   wär ich län - ger blie - ben.

2. Stimme

Kraut   und   Rü - ben   ha - ben mich ver-trie - ben,

1. Stimme

hätt' mein Mutter Fleisch gekocht so   wär ich län - ger blie - ben.

2. Stimme

Kraut   und   Rü - ben   ha - ben mich ver -trie - ben,

Das Notenbeispiel zeigt das Prinzip, nach dem ein Kanon aufgebaut ist: die zweite Stimme nimmt die Melodie phasenverschoben notengetreu auf.
Der Kanon ist also die strengste Form einer Imitation. Deshalb genügt es in der Regel, nur eine Stimme in Noten aufzuschreiben. In ihr gibt man durch Zahlen die Stellen an, wo die folgende Stimme einsetzen soll.

Das Beispiel zeigt aber auch ein anderes, beim Kanon weitverbreitetes Prinzip: die Melodie mündet am Ende wieder in den Anfang ein und kann beliebig oft wiederholt werden.

Man nennt diese Form deshalb auch *Zirkel-* oder *Kreiskanon*; früher wurden dafür die Bezeichnungen *Canon perpetuus* oder *Canon infinitus* benutzt und die alten Namen *Rota* oder *Radel* deuten ebenfalls auf das «Sich-im-Kreis-Drehen» der Melodie hin.

Die Zahl der Stimmen beträgt meistens zwei bis vier, jedoch sind auch mehrstimmigere Formen möglich. Sie waren vor allem in der Zeit der Niederländer (15. und 16. Jahrhundert) weit verbreitet.
In dieser Zeit entwickelten sich auch zahlreiche Spielarten des Kanons, in denen die imitierenden Stimmen in recht unterschiedlicher Weise einsetzen.
Verhältnismäßig häufig kommt es auch im gesungenen Kanon vor, daß die zweite Stimme nicht auf dem gleichen Ton wie die erste (also im Einklang oder auf der Oktave) beginnt, sondern von einem anderen Ton aus. Am weitesten verbreitet ist dabei das Intervall der Quinte, sowohl als Oberquinte wie auch als Unterquinte. Bei Kanons mit mehr als zwei Stimmen wechseln dann in der Regel Einsätze vom Grundton und der Quinte aus miteinander ab.
Vor allem in der Instrumentalmusik kommen auch Kanoneinsätze in allen anderen nur denkbaren Intervallen vor.

Kompliziertere Kanonformen wandeln die Folgestimmen nach bestimmten Prinzipien ab:

so werden im «*Kanon in der Vergrößerung*» die Notenwerte der folgenden Stimme verdoppelt, im «*Kanon in der Verkleinerung*» halbiert.

Im «*Umkehrungskanon*» wird die zweite Stimme durch Veränderung der Richtung aller Intervalle abgewandelt und im «*Krebskanon*» wird die Kanonmelodie beim zweiten Einsatz von hinten nach vorn gespielt oder gesungen. Nur wenige Beispiele gibt es für den «*Doppelkanon*», in dem eine zweistimmige Melodie nach den Regeln des Kanons behandelt wird.

Von «Doppel-», «Tripel-Kanon» usw. spricht man aber auch, wenn zwei, drei oder mehr selbständige Kanons ineinander verschränkt werden.

3. Das Quodlibet

Der im vorigen Abschnitt erwähnte Schlußsatz der *Goldberg-Variationen* von *J. S. Bach* verbindet die Kanonmelodie mit einem anderen Lied:

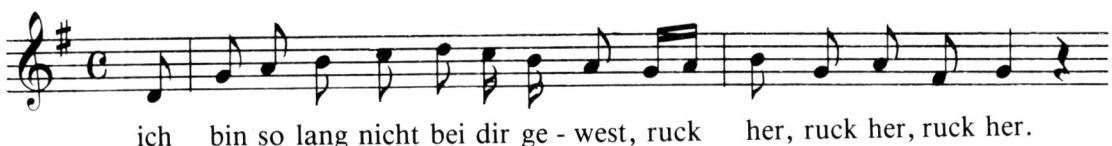

ich bin so lang nicht bei dir ge - west, ruck her, ruck her, ruck her.

Die Verbindung der beiden Melodien erfolgt auf höchst kunstvolle Weise, indem nämlich Teile der beiden Lieder sowohl imitatorisch nacheinander als auch unabhängig voneinander gleichzeitig verwendet werden.
(I = «Ich bin so lang …», II = «Kraut und Rüben»).

Voraussetzung für ein Quodlibet ist der harmonisch gleiche Verlauf der gleichzeitig erklingenden Melodien. Besonders solche Melodien, die sich harmonisch nur im Bereich der Tonika und Dominante bewegen und melodisch vorwiegend auf Dreiklangsbrechungen beruhen, eignen sich für das Quodlibet.

Ein Beispiel dafür ist das gern gesungene Quodlibet aus den Kanons «*C-a-f-f-e-e*», «*Es tönen die Lieder*» und «*Himmel und Erde*».

Da jede der drei Melodien selbst wieder als dreistimmiger Kanon gesungen werden kann, entsteht im Zusammenklang ein Stück mit neun Stimmen.

4. Der Cantus-firmus-Satz

In der Einleitung dieses Kapitels wurde am Beispiel des Liedes «*Die beste Zeit im Jahr*» gezeigt, was unter Polyphonie zu verstehen ist: zu einer feststehenden Melodie wird eine andere, ebenfalls selbständig erscheinende Stimme hinzu erfunden.

Die feststehende Melodie wird auch als *cantus firmus* (abgekürzt: c.f.) bezeichnet (von lat.: fester Gesang). Sie ist die Hauptstimme, zu der andere Stimmen so gesetzt werden, daß sie trotz ihrer Selbständigkeit auch untereinander und zur Hauptstimme in einem harmonischen Verhältnis stehen. Das wird durch den Satz «Note gegen Note» oder «punctus contra punctum» erreicht. Von daher erklärt sich die Bezeichnung *Kontrapunkt* für eine dem cantus-firmus gegenübergestellte Stimme.

Cantus-firmus-Sätze finden sich überall dort, wo Choral- oder Volksliedmelodien kunstvoll bearbeitet werden.

Die Werke *J. S. Bachs* bieten viele Beispiele dafür. Besonders eindrucksvoll ist die Verwendung des c.f. in seiner *Kantate Nr. 140 «Wachet auf, ruft uns die Stimme»*.
In der 1. Strophe des zugrunde liegenden Chorals ist der c.f. Teil eines vierstimmigen, vom Orchester begleiteten polyphonen Chorsatzes.
Die 2. Strophe (es ist die Nr. 4 der Kantate) beginnt als reines Instrumentalstück, in dem über einer akkordischen Begleitung die Streicher eine eingängige Melodie spielen. Erst beim Einsatz der Tenorstimmen mit der Choralmelodie wird die Streichermelodie als Kontrapunkt erkennbar. Erst jetzt wird aus dem zunächst homophon erscheinenden Stück eine polyphone Komposition.

5. Die Fuge und verwandte Formen

Die Fuge ist die höchstentwickelte kontrapunktische Form. Der Name *Fuge* (von lat.: «fuga» = Flucht) ist auf die in diesen Stücken herrschende strenge Imitation zurückzuführen, in der jede Stimme vor der folgenden «flieht» und gleichzeitig die vorhergehende nachahmt. Das entspricht − streng genommen − dem bereits besprochenen Kanon und tatsächlich wurde im 14.-16. Jahrhundert die Bezeichnung «Fuge» ausschließlich in diesem Sinne verwendet.
Erst vom 16. Jahrhundert ab entwickelte sich die Form, die wir aus den Werken J. S. Bachs kennen: eine Komposition von großer Vielgestaltigkeit, die aus einem einzigen Motiv aufgebaut wird.

In der *Fuge in c-Moll* aus dem *1. Teil des «Wohltemperierten Klaviers»* heißt dieses Motiv, das Fugenthema:

Das Fugenthema erscheint am Anfang immer allein, ohne Begleitung. Es muß daher so erfunden sein, daß es
- keiner Begleitung bedarf,
- auch im dichtesten «Stimmengetümmel» wiederzuerkennen ist,
- auch sehr viele Wiederholungen im Verlauf des Stückes verträgt.

Das Wesen der Fuge liegt darin, daß das Thema durch alle Stimmen wandert. Unsere als Beispiel gewählte Fuge hat drei Stimmen.

Das Thema beginnt in der Mittelstimme. Sofort nach seinem Ende nimmt die Oberstimme das Thema auf, spielt es aber in der Dominanttonart. Und schließlich setzt – nachdem die Grundtonart wieder erreicht ist – auch noch die Unterstimme mit dem Thema auf der Tonika ein.

Betrachten wir das Geschehen in der zuerst beginnenden Mittelstimme während des 2. Themeneinsatzes, so zeigt sich hier ein charakteristischer Kontrapunkt, der sich durch seine Struktur (Tonleiterbewegung) wie auch durch Einzelmerkmale (Dezimsprung nach der Tonleiter) stark vom Thema unterscheidet.

Dieser Kontrapunkt bleibt für den Verlauf des Stückes erhalten und erklingt immer dann, wenn ein neuer Themeneinsatz erscheint. Beim 3. Themeneinsatz muß natürlich auch die Mittelstimme, die bisher Thema und Kontrapunkt gespielt hat, etwas Neues bringen. Es ist ein zweiter Kontrapunkt, der vor allem durch seine Unterbrechungen ebenfalls eine einprägsame Gestalt aufweist.

Setzt man für die im ganzen Stück wiederkehrenden Elemente graphische Symbole ein, so läßt sich der Verlauf dieser Fuge leicht und anschaulich darstellen.

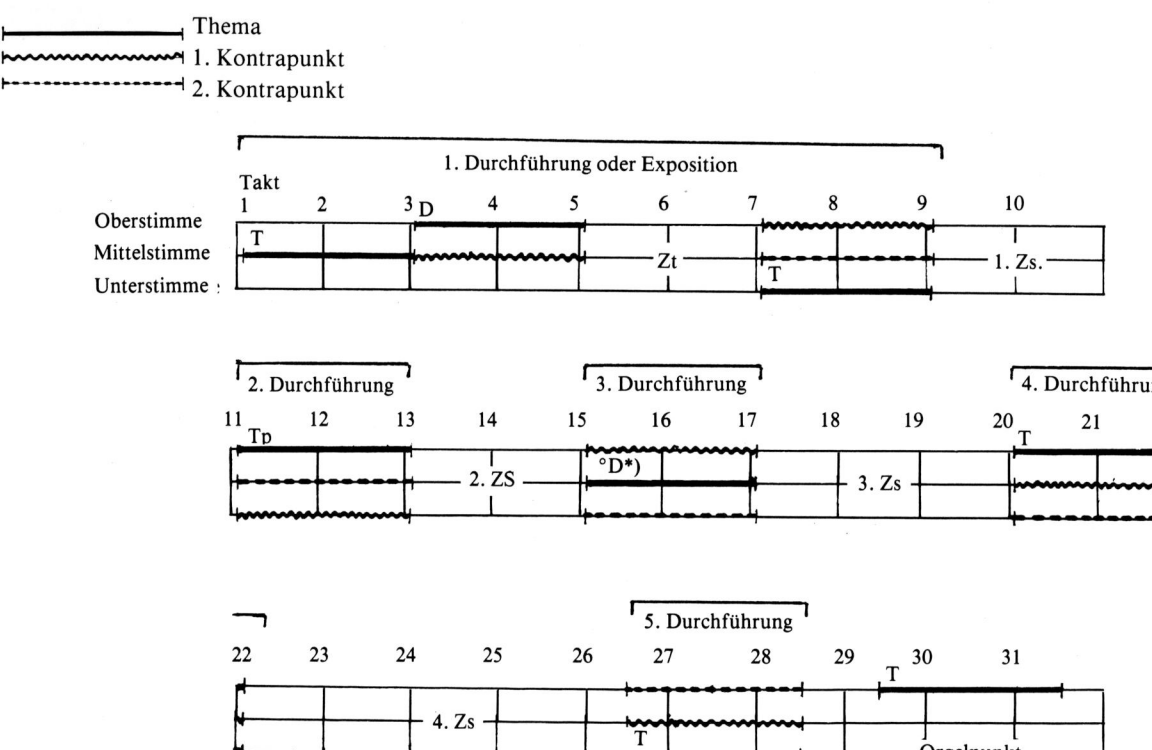

*) °D = Molldominante; (Molltonart auf 5. Ton der Leiter, hier also g-Moll).

Dieses Schema zeigt sehr deutlich, daß in einer Fuge, in der nicht nur das Thema sondern auch die Kontrapunkte streng beibehalten werden, die Möglichkeit der Koppelung der Elemente gewissermaßen mathematisch vorauszuberechnen sind.

Es zeigt aber auch, daß – unterbrochen durch Takte, für die keine Symbole eingetragen sind – auch nach dem 3. Einsatz Thema und Kontrapunkte regelmäßig erscheinen.

Den ersten Abschnitt, in dem das Thema in jeder Stimme einmal erschienen ist, bezeichnet man als *1. Durchführung* oder *Exposition*. Im weiteren Verlauf der Fuge folgen weitere Durchführungen.
Stets steht in einer Durchführung der 1. Einsatz auf der Tonika (Grundtonart), der nächste auf der Dominante (dem 5. Ton der Leiter), der dann folgende wieder auf der Tonika usw. Allerding muß das Thema nur in der 1. Durchführung in allen Stimmen erscheinen. In allen folgenden Durchführungen kann die Zahl der Einsätze auch größer oder kleiner sein.

In unserem Beispiel liegt ein Extremfall vor, denn die 2.-5. Durchführung haben jeweils nur einen einzigen Themeneinsatz. Daß es sich dabei um unabhängige Durchführungen handelt, ist an den tonalen Verhältnissen zu sehen und sogar zu hören. So steht der 4. Themeneinsatz in Es-Dur, also der Parallelen der Grundtonart c-Moll.
Hätte diese Durchführung einen weiteren Einsatz so müßte er wieder eine Quinte höher (Dominante) stehen. Tatsächlich steht aber der 5. Einsatz in g-Moll und erweist sich damit als eigene Durchführung. Ebenso ist es mit dem 6.und 7. Themeneinsatz, die beide in c-Moll stehen, was innerhalb einer Durchführung nur möglich ist, wenn ein Dominanteinsatz dazwischengeschoben ist.

Die beiden Schlußtakte bringen einen weiteren Themeneinsatz; allerdings fehlen die gewohnten Kontrapunkte. Dafür hält die Unterstimme beharrlich den Grundton fest (= Orgelpunkt). Dadurch entsteht die Wirkung einer Schlußwendung.

Da die einzelnen Durchführungen in unterschiedlichen Tonarten stehen, sind Modulationen notwendig. Selbst in der 1. Durchführung erfordert die Rückkehr aus der Dominante in die Tonika eine Modulation.

Diese Übergänge werden in den Takten zwischen den Themeneinsätzen hergestellt. Solche Überleitungen, die Durchführungen verbinden, nennt man *Zwischenspiele* (= ZS, vgl. Takt 9/10, 13/14, 17-19, 22-26); bei einer Überleitung innerhalb einer Durchführung spricht man von *Zwischentakten* (= ZT, vgl. Takt 5/6).

Zwischentakte und Zwischenspiele verwenden in unserem Beispiel das gleiche Material wie die Durchführungen. Es werden jedoch aus Thema und Kontrapunkten nur Teile verwendet und in neuer Weise verarbeitet. Dies mag am 1. Zwischenspiel verdeutlicht werden.

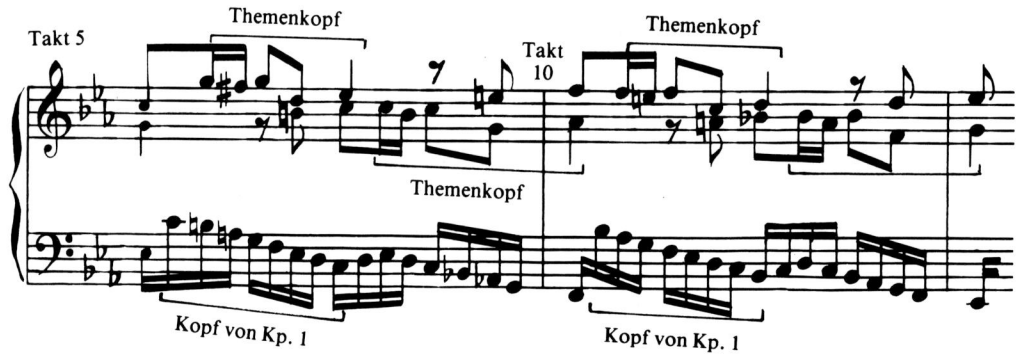

Wie das Notenbild zeigt, verwenden Ober- und Mittelstimme einander imitierend das Kopfmotiv des Themas. Die Unterstimme verwendet den Anfang des 1. Kontrapunkts, der sequenzähnlich weitergeführt wird.

Takt 10 ist als Ganzes eine Sequenz des vorausgehenden Taktes.

Die anderen Zwischenspiele sind ähnlich gebaut und beweisen damit, wie ökonomisch Bach mit seinem musikalischen Material umging.

Der Leser möge nun nicht denken, er habe mit diesem Beispiel *das* Muster kennengelernt, nach dem alle Fugen aufgebaut sind.
Die Fuge weist so viele Gestaltungsmöglichkeiten auf, daß die Fugenkomposition einen kaum übersehbaren Reichtum an Formen hervorgebracht hat.

Betrachten wir deshalb noch ein zweites Beispiel von *J. S. Bach*, die *E-Dur Fuge* aus dem *2. Teil des «Wohltemperierten Klaviers»*.

Diese Fuge hat vier Stimmen (mit Sopran, Alt, Tenor und Baß bezeichnet); ihr Thema ist sehr einfach:

Auch in dieser Fuge gibt es Kontrapunkte; sie brauchen in einem Schema aber nicht berücksichtigt zu werden, da sie nicht so streng wie im vorigen Beispiel verwendet werden.

Überhaupt geht es in dieser Fuge um ein ganz anderes Problem:
es wird gezeigt, was aus einem einfachen Thema alles zu machen ist.
Das umstehende Schema zeigt dies sehr eindrucksvoll:

Es bedeuten:

V ────────── = Thema
├─────────┤ = Thema in der Verkleinerung
UV ────────── = Thema in Umkehrung und Verkleinerung

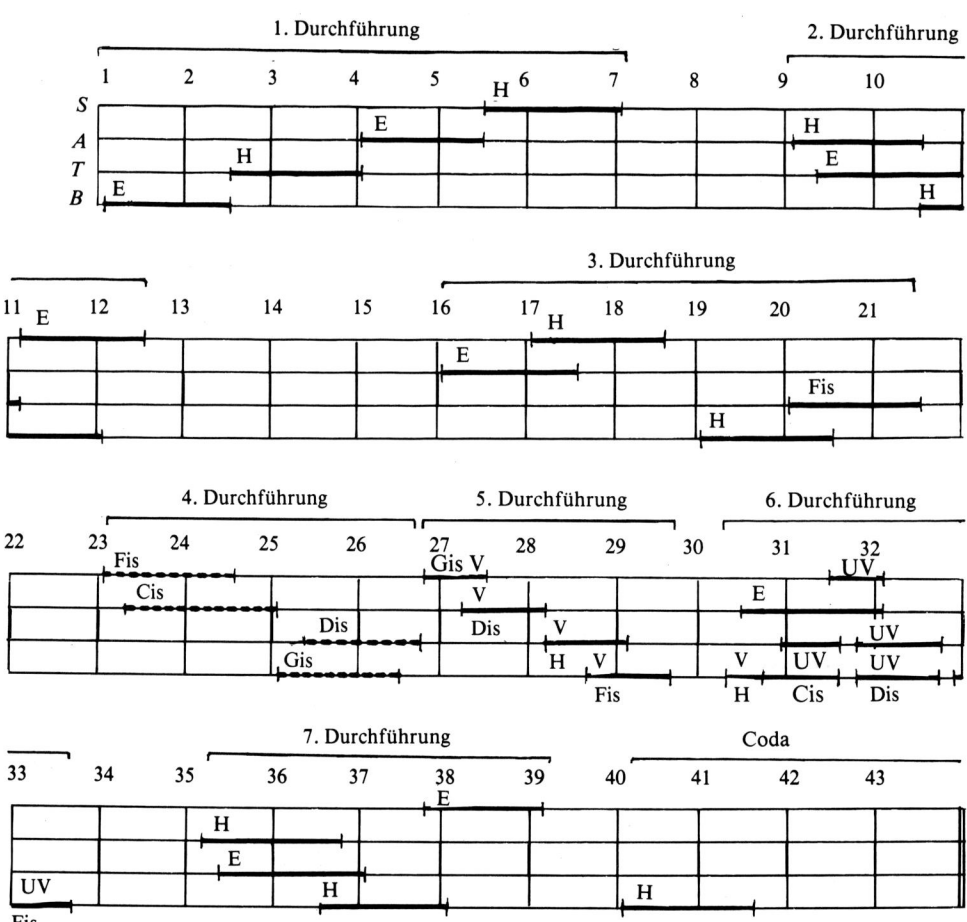

Interessant ist hier gleich die 2. Durchführung, in der die Stimmen immer schon einsetzen, ehe die vorausgehende Stimme das Thema beendet hat. Diese Erscheinung bezeichnet man als *Engführung*. Alle weiteren Durchführungen sind ebenfalls solche Engführungen; allerdings in immer komplizierterer Verschränkung der Stimmen.

Das wird deutlich, wenn man das in den einzelnen Durchführungen jeweils herrschende Prinzip in einer Tabelle zusammenstellt:

1. Durchführung: normale Reihenfolge der Einsätze

2. Durchführung: Engführung des Themas

3. Durchführung: paarweise Engführung des Themas
(erst A und S, dann B und T)

4. Durchführung: paarweise Engführung des variierten Themas.

Abstand der Einsätze noch kürzer als in voriger Durchführung.

5. Durchführung: Engführung der Verkleinerung des Themas.

6. Durchführung: Engführung des Themas in der Originalgestalt (Alt); der Verkleinerung des Themas (Baß) und der Verkleinerung der Umkehrung des Themas (Sopran, Tenor und Baß); Parallelführung von zwei Stimmen (Tenor und Baß).

7. Durchführung: Engführung des Themas in Originalgestalt.
Coda   ein Themeneinsatz und Schlußkadenz.

Von der 1. bis zur 6. Durchführung wird die Themenverwendung immer komplizierter. Auch die harmonischen Verhältnisse werden immer interessanter (man kann das an den im Schema eingetragenen Anfangstönen der Stimmeinsätze ablesen); vor der 7. Durchführung ist gis-Moll erreicht.

Von hier an läßt die Spannung nach. Die Engführung der 7. Durchführung wirkt nach der 6. Durchführung direkt «einfach» und der einzelne Themeneinsatz der Coda erinnert noch einmal daran, wie das kunstvolle Gebilde eigentlich begonnen hat.

Wir haben zwei Fugen betrachtet, die kaum gegensätzlicher sein könnten. Und trotzdem sind es nur zwei von vielen Möglichkeiten.

So können die Themen auch in den anderen schon bekannten Abwandlungen (Krebs, Umkehrung des Krebs, Vergrößerung) verwendet werden. Im Verlauf einer Fuge können auch neue Themen auftauchen; wir haben es dann mit einer *Doppel-* (zwei Themen), *Tripel-* (drei Themen) oder *Quadrupelfuge* (vier Themen) zu tun.

In diesen Formen der Fuge wird zunächst jedes Thema als selbständige Fuge verarbeitet. Am Schluß werden dann alle Themen gleichzeitig durchgeführt. Das macht notwendig, daß jedes Thema gleichzeitig Kontrapunkt zu den anderen Themen sein muß.

Kein Wunder, daß die Fuge lange Zeit als Krönung des Komponierens galt.

Zum Abschluß dieses Abschnitts sollen noch kurz einige verwandte Formen erwähnt werden:

Das *Ricercar* ist eine Vorstufe der Fuge. Es entstand aus der Übertragung der Motette auf Orgel oder Laute. In der Motette, einer Vokalform, wurde jede Verszeile für sich durchgeführt und am Anfang streng imitiert. Dieses Prinzip findet sich auch im Ricercar.

Ähnlich gestaltet, wenn auch mit noch selbständigeren Einzelteilen, ist die *Kanzone.*

In der *Toccata* wechseln Teile mit virtuosem Akkord- oder Figurenspiel und streng fugierte miteinander ab. Oft sind die polyphonen Abschnitte zu selbständigen Fugen entwickelt.

Der Leser, der sich auch durch das letzte Kapitel durchgearbeitet hat, spürt wahrscheinlich nicht die gleiche Befriedigung, etwas Faßbares und relativ leicht Anwendbares erworben zu haben, wie das – hoffentlich – am Ende der ersten Kapitel gewesen ist.

Hat er gar versucht, die besprochenen Beispiele auch hörend zu verstehen, so wird er mit großer Wahrscheinlichkeit erkannt haben, daß die theoretischen Kenntnisse nur schwer oder sogar überhaupt nicht hörbar sind. Umso größer wird seine Bewunderung sein wenn er erfährt, daß J. S. Bach so komplizierte Konstruktionen nicht immer auf dem Papier entworfen hat. Immer wieder ließ er sich auf das Wagnis ein, selbst sehr kunstvolle Fugen aus dem Stegreif am Instrument spielend zu improvisieren.

Eines der bedeutendsten Werke Bachs verdankt einer solchen Improvisation seine Entstehung.

Als nämlich J. S. Bach 1747 eine Besuch in Potsdam bei Friedrich dem Großen machte, forderte dieser von ihm Improvisationen über ein Thema, das durch seine Länge wie auch seine Chromatik nicht besonders leicht polyphon zu bearbeiten ist. Das Thema lautet:

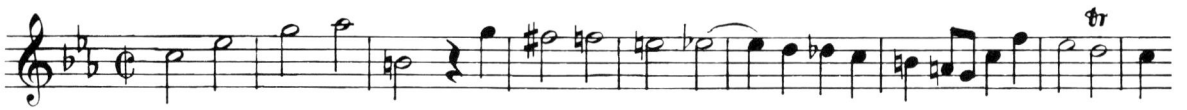

Bachs Demonstration gelang zur Zufriedenheit des Königs, der ja selbst ein tüchtiger Musiker war.

Bach selbst war mit seiner Leistung nicht gleichermaßen zufrieden. Deshalb machte er sich nach seiner Heimkehr sofort daran, das «königliche Thema» nach allen Regeln der Kunst auszuarbeiten. So entstand «Das musikalische Opfer», wie das Werk nach dem Anfang von Bachs Widmungstext genannt wird.

Das Werk besteht aus zwei Fugen, einer drei- und einer sechsstimmigen, (von Bach mit der alten Bezeichnung «Ricercare» benannt); einer Fuga canonica, in der die zweite kanonische Stimme eine Quinte höher einsetzt; einer Triosonate für Querflöte (das Instrument des Königs), Violine und Basso continuo (Violoncello und Cembalo) sowie insgesamt neun Kanons, die zwischen den übrigen Teilen des Werkes stehen.

Verbindendes Element aller dieser Teile ist das Thema des Königs, das in immer neuen Kombinationen erklingt. Jeder Teil ist ein unübertroffenes Meisterwerk und das sechsstimmige Ricercare ist vielleicht die kunstvollste Fuge, die Bach geschrieben hat.

Besonders interessant sind aber auch die Kanons, weil sie uns etwas vom Geist der damaligen Zeit verraten. Die Kanons sind nämlich nicht einfach Stücke, die ein kunstvolles Musizieren ermöglichen sollen; sie sind vielmehr geistvolle «Rätsel», wie sie sich damals die Musiker gegenseitig aufgaben.

Das wird deutlich, wenn über einem der Kanons «Quaerendo invenietis» = «Suchet, so werdet ihr finden» steht und dem Ausführenden aufgetragen ist, sowohl den Einsatzpunkt wie das Aussehen der imitierenden Stimme selbst herauszufinden. Für uns heute ist sicherlich verwirrend, wenn der Anfang eines anderen Kanons wie folgt notiert ist:

Und doch können auch wir die Lösung finden, wenn wir nur genau beachten, was in den Noten steht:

- die obere Stimme, im Altschlüssel notiert (c, auf der 3. Linie), hat das gegebene Thema;
- die untere Stimme, der Kontrapunkt, soll als Kanon mit einem Takt Abstand ausgeführt werden (Einsatz bei 𝄋);
- die Noten des Kontrapunkts sollen von der 1. Kanonstimme im Violinschlüssel (beginnt mit as^2), von der 2. Stimme in einem um eine Linie höher gesetzten Baßschlüssel (also f auf der 5. Linie) gelesen werden.

So ergibt sich:

Solche Lösungen sind heute nur noch musikwissenschaftlich Gebildeten möglich. Damals waren sie das selbstverständliche Ergebnis einer Spielerei, die unter Musikern üblich war.

«Andere Zeiten – andere Sitten».

VII. «Gegensätze ziehen sich an»

oder

die Sonaten-
hauptsatzform.

In allen bisher besprochenen Formen war das Besondere, daß jeder Abschnitt auf *einem* einzigen Thema aufbaute. Gleichgültig ob Liedform oder Rondo, Variation oder Fuge – immer war *ein* Gedanke bestimmend.

Kam in den Reihungsformen ein neuer Gedanke vor, so handelte es sich mit Sicherheit um einen neuen Teil, und wurde etwa in einer Doppelfuge ein zweites Thema eingeführt, so liefen die beiden Themen nebeneinander her und die Kunst des Komponisten bestand darin, dieses Nebeneinander zu einem Miteinander zu machen.

In der Klassik wurde nun ein anderes Prinzip zum herrschenden:

Themen wurden jetzt nicht einfach aneinandergereiht; sie wurden vielmehr gegenübergestellt und so verarbeitet, daß sie selbst oder ihre Motive im Widerstreit liegen oder neue Verbindungen eingehen.

Der Widerstreit zweier Themen kann umso deutlicher gemacht werden, wenn die Themen selbst gegensätzlich sind, wenn zwischen ihnen ein «Dualismus» besteht.

Der *Dualismus zweier Themen* ist also das neue Prinzip, das sich in der Klassik durchsetzt. Die sich daraus ergebende Form wird als *Sonatenhauptsatzform* bezeichnet.

Machen wir uns den Aufbau eines nach diesem Prinzip gestalteten Satzes an einem Beispiel klar:

Joseph Haydns Klaviersonate in D-Dur beginnt mit dem *1. Thema*:

Es ist auch im weiteren Verlauf des Satzes an dem charakteristischen Oktavsprung am Anfang zu erkennen.

Die oben wiedergegebenen 4 Takte, die auf der Dominante enden, werden noch einmal − mit etwas veränderter Begleitung − wiederholt. Jetzt führt der letzte Takt aber zu einem Abschluß in der Grundtonart.

Im Takt 9 beginnt ein neues Motiv, für das die Tonleiterbewegung der Spitzentöne in der Oberstimme und die Parallelführung der Unterstimme auffallend ist.

Takt 9

Dieser Abschnitt beginnt eindeutig in der Grundtonart D-Dur, er endet aber in A-Dur, der Dominanttonart. In dieser Tonart beginnt dann auch das 2. Thema.

Der Abschnitt von Takt 9-16 hat also offensichtlich die Aufgabe, von der Grundtonart in die Dominanttonart zu modulieren. Auch vermittelt er zwischen dem Charakter des 1. und 2. Themas. Wir nennen deshalb diesen Abschnitt «*Überleitungsgruppe*».

Das *2. Thema* hat ein ganz anderes Aussehen als das erste. Während jenes einen geschlossenen Melodiezug von zweimal 4 Takten darstellt, ist die Grundlage des zweiten Themas ein halbtaktiges Motiv, das – durch Pausen getrennt – mehrfach sequenziert wird.

Ab Takt 22 fügt sich nahtlos ein Abschnitt an, der sowohl Merkmale des 1. Themas (Oktavsprung) als auch der Überleitungsgruppe (Tonleiterbewegung in Terzen) zeigt.

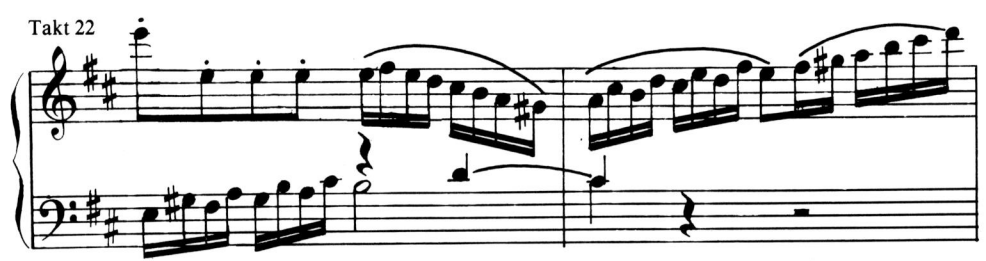

Diese Fortsetzung des 2. Themas, *Fortspinnung* genannt, zeigt in vielen Sonatensätzen ein ähnliches Aussehen: bereits vorher vorgestelltes Material wird wieder aufgegriffen, neu zusammengesetzt, mit anderem Material verbunden.
Immer ist die Fortspinnung so gestaltet, daß die Virtuosität des Spielers besonders gut zur Geltung kommt.

In Takt 35 ist dieser Abschnitt zu ende, ja die Schlußwendung D^7 mit Triller ⟶ T ist so deutlich, daß hier ein ganzes Stück oder zumindest einer seiner großen Formabschnitte schließen könnte.

Tatsächlich ist das, was sich in Takt 35 noch anschließt, von untergeordneter Bedeutung. Es ist eine melodisch und rhythmisch ausgestaltete Kadenz.

Durch diese Kadenz wird bestätigt, daß unser Satz inzwischen in A-Dur, der Dominanttonart, angekommen ist.
Man bezeichnet diesen Abschnitt als «*Schlußgruppe*».

Am Ende der Schlußgruppe (Takt 40) wird durch ein Wiederholungszeichen angedeutet, daß hier ein Großabschnitt endet, der so wichtig ist, daß ihn der Hörer noch ein zweites Mal anhören soll. Das ist auch berechtigt, denn bis hierher ist alles musikalische Material vorgestellt worden das für den weiteren Verlauf des Satzes von Bedeutung ist. Seine Bezeichnung als *Exposition* ist daher logisch.

Verfolgt man den Satz nun weiter, so fällt auch beim Hören eine Stelle auf, an der das Stück offensichtlich wieder von vorne anfängt. Eine Nachprüfung am Notentext zeigt, daß dieser Neubeginn in Takt 61 ist. Tatsächlich findet sich hier fast notengetreu die Exposition wieder. Aber wirklich nur fast, denn das 2. Thema mit Fortspinnung und die Schlußgruppe klingen zwar so wie am Anfang, der Notentext zeigt aber, daß dieser Abschnitt jetzt in D-Dur, der Grundtonart, steht.

Eine relativ große Abweichung stellen wir außerdem in der Überleitungsgruppe fest. Hier ergibt sich auch leicht der Grund für die Unterschiede zwischen der Exposition und diesem Wiederholungsteil, der *Reprise*: ein Stück, das in D-Dur steht, muß auch in dieser Tonart enden. Das macht die beschriebene Abänderung in der Reprise notwendig.

Aber warum muß denn eigentlich die Exposition am Schluß des Satzes noch einmal wiederholt werden?

Das hat seinen Grund in dem zwischen Exposition und Reprise liegenden Teil, der «*Durchführung*».

Die in Takt 41 beginnende Durchführung erinnert zunächst an den Anfang der Fortspinnung. Allerdings sind jetzt die Stimmen vertauscht.

Hier wird mit dem Material der Exposition gearbeitet, es wird *ver*arbeitet, indem – vor allem – die Themen in ihre charakteristischen Motive zerlegt und mit diesen neue Zusammenhänge geschaffen werden.

Natürlich können auch Wendungen aus den übrigen Abschnitten der Exposition Eingang in die Durchführung finden, wie hier z. B. aus der Überleitungsgruppe, aber auch aus dem virtuosen Spielwerk der Fortspinnung.

Dieser Durchführungsteil war in der Klassik der für den Komponisten interessanteste Teil des Sonatensatzes. Konnte er doch – für jeden erlebbar – zeigen, was man aus einem am Anfang festgelegten Material machen kann, wenn sich Phantasie mit Beherrschung des kompositorischen Handwerks verbindet. Die Durchführung nahm deshalb an Umfang immer mehr zu und wurde – vor allem bei Beethoven – zum wichtigsten und bedeutendsten Teil des Sonatensatzes.

Für diesen läßt sich nach unseren Beobachtungen folgendes Schema aufstellen:

Exposition		Reprise
1. Thema (T) Überleitungsgruppe (T→D) 2. Thema (D) Schlußgruppe (D)	Durchführung	1. Thema (T) Überleitungsgruppe (T) 2. Thema (T) Schlußgruppe (T)
	Verarbeitung des Materials aus der Exposition, evtl. neues Material	Coda

Ergänzend sei noch erwähnt, daß sich in Sonatenhauptsätzen, die in einer Moll-Tonart stehen, die harmonischen Verhältnisse gegenüber obigem Schema verändern. Dann steht in der Exposition das 1. Thema – wie üblich – in der Tonika (= Molltonart), das 2. Thema aber in der parallelen Durtonart (gleiche Vorzeichen!). Die Überleitungsgruppe moduliert folglich in die Paralleltonart, die in der Schlußgruppe bestätigt wird.

In der Reprise herrscht natürlich die Grundtonart und die Durchführung läßt sich auch in einem Mollstück nicht in ein festes Schema pressen, da der Komponist hier völlig frei mit seinem Material umgehen kann.

Schließlich finden wir oft am Ende eines Sonatenhauptsatzes noch einen Abschnitt, der durch seine abschließende Wirkung der Schlußgruppe ähnelt, aber anders gestaltet ist als diese. Das ist die *Coda*, die u. U. auch bei umfangreichen Reihungsformen als endgültiger Abschluß erscheint.

Wie bei allen bisher besprochenen Formen ist auch der Sonatenhauptsatz kein
starres Prinzip, das sich in allen entsprechend gestalteten Stücken wiederholt.
Natürlich wiederholt sich das Grundschema, das die großen Abschnitte fest-
legt. Was aber innerhalb der Abschnitte geschieht, ist so vielseitig, daß es kaum
zwei Sonatensätze gibt, die sich in ihrem Aufbau gleichen.

Wie ein Genie die Sonatenhauptsatzform erfüllt und fast schon überwindet,
wollen wir an *Mozarts Sinfonie Nr. 41 in C-Dur (KV 551)»*, der *«Jupiter-Sinfonie»* untersuchen.
Der Schlußsatz dieser Sinfonie beginnt mit einem sehr einfachen Thema, das
sich aus zwei gegensätzlichen Motiven zusammensetzt.

In Takt 19 endet dieses Thema. Es folgt ein Abschnitt, der von einem neuen
Motiv ausgeht. Da er aber ganz in der Grundtonart C-Dur steht, müssen wir ihn
wohl noch dem 1. Thema zurechnen.

In Takt 36 beginnt nach einem neuerlichen Einschnitt ein Abschnitt, in dem – deutlich hörbar – eine Modulation erfolgt. Es muß die Überleitungsgruppe sein.

In ihr wird das variierte Motiv 1a nach allen Regeln der Kunst fugiert.

Viola, Violoncello und Kontrabaß bringen in gleicher Weise die nächsten Einsätze.

Ein letzter Einsatz des Motivs im f wirkt homophon, an ihn schließt sich ein neuer Gedanke an, der schon bei seinem ersten Erscheinen in Engführung imitiert wird.

Da dieses Motiv auch weiterhin Bedeutung hat, wollen wir es als «Überleitungsmotiv» (Ü) bezeichnen.

In Takt 73 kommt diese Entwicklung auf dem D^7 von G-Dur zur Ruhe und nach einem kurzen Ruhepunkt ($^1/_2$ Takt Generalpause) setzt das 2. Thema in G-Dur ein. In seinen Abschluß hinein mischen sich als Kontrapunkte die Motive 1 c und das Überleitungsmotiv.

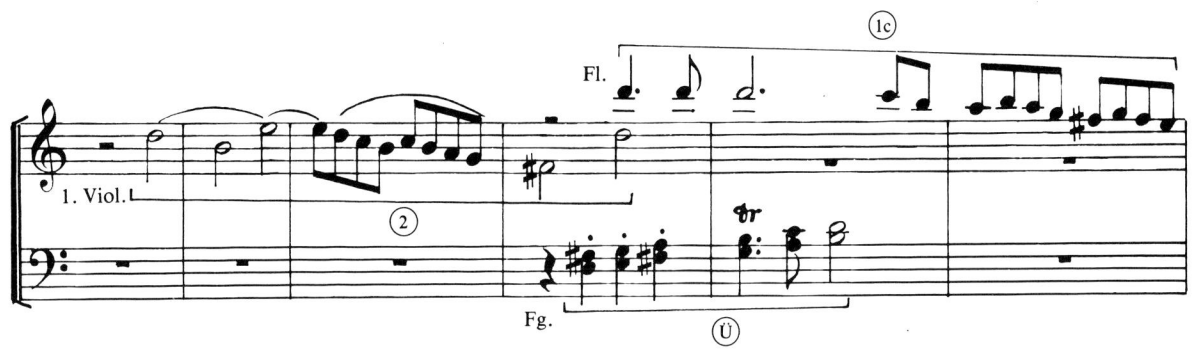

Und sie bleiben nicht Kontrapunkte. In der Fortspinnung (Beginn Takt 86) wiederholt sich zunächst die Engführung des Überleitungsmotivs aus der Überleitungsgruppe.

Nach soviel Kontrapunktik soll nun wohl gezeigt werden, daß auch das 2. Thema zu dieser Satzkunst taugt.
Zuerst das Kopfmotiv, dann das ganze 2. Thema werden von Takt 94-115 enggeführt.

In Takt 115 beginnt die Schlußgruppe, die hier mehr als nur eine einfache Kadenz ist. Zwar wird auch jetzt die Dominanttonart deutlich bestätigt, doch geschieht dies in kunstvoller Verarbeitung des Motivs 1b und des Motivs 1c, das in einer Engführung die Originalgestalt und die (freie) Umkehrung gegenüberstellt.

Eine zweimalige Wiederholung von 1c – zuerst in der Oboe, dann im Fagott – zum Orgelpunkt g schließt die Exposition ab.

Die in Takt 158 beginnende und bis Takt 224 reichende Durchführung wird ausschließlich mit den Motiven 1a und 1c gestaltet. Man kann vier Abschnitte unterscheiden, die sich auch beim Hören leicht erkennen lassen.

Der erste Abschnitt stellt zweimal das Motiv 1a dem Motiv 1c gegenüber. Aber jetzt erscheint das Motiv 1a, das bisher immer einstimmig erklang, akkordisch.

Das Motiv 1c erklingt zuerst in Originalgestalt, beim zweiten Mal in der Umkehrung. Harmonische Basis der ersten Gegenüberstellung ist die Dominanttonart G-Dur; bei der zweiten ist es E-Dur.

Der zweite Abschnitt (Takt 172-186) bringt nur ein am Ende leicht abgewandeltes Motiv 1c. Es wird viermal mit gleichbleibendem Stimmeinsatz (Violoncello und Kontrabässe – Violine 1 – Viola – Violine 2) im Abstand von nur einem halben Takt enggeführt. Jede Engführung hat eine andere harmonische Basis. Von a-Moll aus wird über d-Moll und G-Dur schließlich C-Dur erreicht. Der Beginn dieses Abschnitts hebt sich deutlich vom vorhergehenden ab, da mit dem ersten Motiveinsatz auch die Blechbläser zum Orchester hinzutreten.

Der dritte Abschnitt (Takt 186-207) ist eine Weiterentwicklung der ersten. Jetzt wechseln jeweils eine Engführung des Motivs 1c mit einem akkordisch unter Einbeziehung der Chormatik ausgesetzten Motiv 1a ab.
Auch dieser Abschnitt moduliert in vier Schritten von F-Dur nach H-Dur. Im 1. und 3. Schritt erscheint das Motiv 1c in der Umkehrung, im 2. und 4. erklingt zuerst die Umkehrung, der engeführte 2. Einsatz benutzt aber die Originalgestalt.

Der vierte Abschnitt leitet zur Reprise zurück.
Er verwendet nur Motiv 1c, das jetzt nur noch mit einer akkordischen Begleitung erscheint. Auf die Umkehrung folgt zweimal die Originalgestalt und noch einmal die Umkehrung.
In nur sechs Takten wird dann mit dem Kopf von 1c von H-Dur nach C-Dur zurückmoduliert.

Die nun folgende Reprise entspricht genau unserem Schema. Allerdings endet der Satz noch einmal mit einer Überraschung.
Auf die Schlußgruppe der Reprise folgt eine Coda, die ab Takt 356 Originalgestalt und Umkehrung des Motivs gleichzeitig erklingen läßt. Auch Motiv 1a erscheint jetzt umgekehrt und wird engeführt. Und dann beginnt in Takt 371 eine regelrechte Fuge, die mit Ausnahme des Motivs 1b das gesamte Material gleichzeitig verwendet.

Ein Schema, das nur die Streichinstrumente berücksichtigt, mag das veranschaulichen:

Takt	371	376	380	384	388	392	396
Violine I			②	1a	Ü		1c
Violine II		②	1a	Ü		1c	2
Viola	②	1a	Ü		1c	2	1a
Violoncello	1a	Ü		1a	②	1a	Ü
Baß				②	1a	Ü	

Wir sehen, daß ab Takt 384 die Motive 1a, 1c und Ü, das 2. Thema sowie ein freier Kontrapunkt gleichzeitig erklingen. Da die fünf Stimmen in der Folge beliebig vertauscht werden, liegt hier ein fünffacher Kontrapunkt vor.

Ab Takt 402 geht der Satz endgültig zu Ende. Schlußwendungen, aus 1b und 1c gebildet, führen zur Schlußkadenz.

In diesem Satz aus der «Jupiter-Sinfonie» haben wir gesehen, wie Mozart das Grundschema des Sonatenhauptsatzes weiterentwickelt:

Die Coda wird zu einer Art zweiter Durchführung, die Satztechnik verwendet nicht nur die im Sonatenhauptsatz übliche motivische Arbeit sondern auch Techniken der Kontrapunktik, bis hin zum kunstvollen Gebilde eines fünffachen Kontrapunkts.

Damit ist eigentlich schon der tiefe Einschnitt, den der Übergang vom Barock zur Klassik darstellte, überwunden. Zwei zunächst einander ausschließende formale Prinzipien sind von einem Genie harmonisch vereint worden. Damit erweist sich, daß die musikalische Entwicklung keinen Halt gestattet, daß sie unaufhaltsam weitergeht.

VIII. «Aller guten Dinge sind . . . . .»
oder
die instrumentalen Großformen.

Schon sehr früh kamen die Musiker dazu, durch die Aneinanderreihung von formal in sich abgeschlossenen Stücken noch größere Zusammenhänge zu schaffen.

Dafür waren sowohl praktische Gründe (wie etwa in der Tanzmusik) wie auch die Absicht, einen noch größeren geistigen Bogen in einer Komposition zu schlagen, maßgebend.

1. Die Suite

Tanzkompositionen sind uns schon aus dem 13. und 14. Jahrhundert bekannt.
Aus dieser frühen Zeit kennen wir auch schon den noch heute geübten Brauch, auf einen langsamen, geschrittenen Tanz einen schnelleren mit lebhafter Bewegung folgen zu lassen.

Oft war der zweite Tanz lediglich eine rhythmische Variation des ersten.

So z. B. in *Hans Neusiedlers «Neues Lautenbüchlein»* von 1540.

Für die Entstehung der ersten bedeutenden Großform spielen diese Zwillingstanzpaare eine wichtige Rolle. Im 16. Jahrhundert verdoppelten italienische Lautenisten nämlich die Zahl der Sätze. Aus dem ursprünglichen Gegensatzpaar wurde so die Folge:

langsam – schnell – langsam – schnell.

Solche Tanzfolgen wurden in Frankreich «*Suite*» (= Folge), in Italien «*Partita*» (= ein aus Teilen zusammengesetztes Stück) genannt.

Dabei war sowohl die thematische Verknüpfung der Sätze untereinander als auch die Aneinanderreihung von beliebten Tänzen unterschiedlicher Herkunft möglich.

Suiten mit Sätzen, die das gleiche Thema im für bestimmte Tänze charakteristischen Rhythmus abwandeln, nennt man «*Variationssuiten*». Für den anderen Typ der Suite gibt es zunächst unterschiedliche Zusammenstellungen von Tänzen. Häufig verwendet wurden im 16. Jahrhundert die Folgen:

Passamezzo – Saltarello – Pavane – Gagliarde
oder
Pavane – Gagliarde – Allemande – Courante.

Im frühen 17. Jahrhundert bildet sich dann eine «*Normalform*» der Suite heraus, die immer die vier Sätze enthält:

Allemande – Courante – Sarabande – Gigue .

Name des Tanzes	Allemande	Courante	Sarabande	Gigue
Herkunft:	Deutschland (der «Deutsche»)	Frankreich (courir = laufen, eilen)	Spanien (aus Mittelamerika eingeführt und heimisch geworden)	England (jig = alter fröhlicher Tanz keltischen Ursprungs)
Takt:	gerade ($^4/_4$)	ungerade ($^3/_4$)	ungerade ($^3/_4$ oder $^3/_2$)	meist $^6/_8$, $^9/_8$ oder $^{12}/_8$
Tempo:	ruhig, mäßig	rasch	langsam	schnell
Beginn:	meist kurzer Auftakt	immer mit Auftakt	meist volltaktig	unterschiedlich
Charakter:	gemessener oder würdevoller Schreittanz	durch fließende Bewegung bestimmt	gravitätisch	fröhlich, ausgelassen
besondere Merkmale:	häufige Sechzehntelbewegung täuscht schnelleres Grundmaß vor	Italienischer Typ: mit viel Laufwerk Französicher Typ: mehr kontrapunktisch	charakteristischer Rhythmus: [Notenbeispiel: $\frac{3}{4}$ ♩ ♩· ♩ ♩ ♩] mit starker Betonung des 2. Taktteils.	oft Imitation des Anfangsgedankens und Umkehrung desselben im 2. Teil. Die ital. «Giga» bevorzugt Dreiklangsbrechungen.

Für die weitere Entwicklung der Suite wurden zwei Erweiterungen bedeutsam.

Die eine ist die Einleitung der Suite durch ein *«Präludium»*. Dieser frei komponierte Eröffnungstanz gewann – vor allem in den Orchestersuiten – immer größere Bedeutung. Das ist auch verständlich. Waren doch der freien Entfaltung der kompositorischen Phantasie in den Tanzsätzen durch die Einhaltung vieler durch die Tanzart bedingten Auflagen enge Grenzen gesetzt. Nach dem Brauch der Zeit – aber auch nach dem Umfang und Gewicht des Einleitungssatzes – nennen sich Bachs vier Orchestersuiten «Ouvertüren», obwohl damit nur der erste Satz angesprochen ist. Dieser 1. Satz ist bei Bach immer ein dreiteiliges Stück, entsprechend der französischen Opernouvertüre, mit der Gliederung:

– langsamer, pathetischer, vorwiegend homophoner 1. Abschnitt
– schneller, polyphoner (oft fugierter) Mittelteil
– dem ersten entsprechender langsamer Schlußabschnitt.

Die zweite Erweiterung, die noch folgenträchtiger war, besteht im Einschub verschiedenartiger, meist «moderner» Tänze zwischen Sarabande und Gigue. Diese Einschubsätze verdrängen im Laufe der Zeit mehr und mehr die traditionellen Tänze der Suitennormalform. Ein Überblick über die vier Bachschen Orchestersuiten kann das deutlich zeigen:

Die «alten» Suitensätze kommen nur noch selten vor. Es gibt

eine Courante (1. Suite),
eine Sarabande (2. Suite) und
eine Gigue (3. Suite).

Außerdem haben die Suiten noch weitere Sätze, zwischen vier (in der 3. Suite) und neun (in der 1. Suite).
Diese «übrigen» Sätze sind zum größten Teil Tänze, die unterschiedlich oft vorkommen (siehe nebenstehende Tabelle).

Tanz	Bourrée	Gavotte	Menuett	Passepied	Forlane	Polonaise
in Bachs Suiten enthalten	7 x	5 x	4 x	2 x	1 x	1 x
Herkunft	Frankreich (Auvergne)	Frankreich (Provence)	Frankreich (urspr. aus Provinz Poitou)	Frankreich	Italien (aus Provinz Friaul)	Polen
Takt	gerade	gerade	ungerade	meist $^3/_8$	gerade ($^2/_2$, $^6/_4$ oder $^6/_8$)	ungerade
Tempo	schnell	mäßig	mäßig	rasch	mäßig	ruhig
Beginn	immer Auftakt	zwei Viertel Auftakt	mit oder ohne Auftakt	$^1/_8$ Auftakt	—	volltaktig
Bedeutung	seit 17. Jahrh. Gesellschaftstanz	17./18. Jahrh. Hoftanz	17. bis Ende 18. Jahrh. *der* Gesellschaftstanz Europas	17. Jahrh. Hoftanz	seit 17. Jahrh. Hoftanz	Gesellschaftstanz des Adels

Vereinzelt gibt es aber auch völlig frei komponierte Sätze; Charakterstücke, die wohl tänzerischen Charakter haben können, aber nie wirkliche Tanzmusik waren.

So enthält die 2. Suite ein «*Rondeau*», das wir als Form bereits in Kapitel IV kennengelernt haben.
Als Schlußsatz steht eine «*Badinerie*», ein schnelles Stück im $^2/_4$-Takt mit heiterem Charakter.
Die 3. Suite enthält die berühmte «*Air*» ein ruhiges, melodiöses Stück ohne Tanzcharakter.
Und schließlich wird die 4. Suite mit einem «*Rèjouissance*» überschriebenen Satz beendet, der ein Charakterstück entsprechend dem Titel (= Fröhlichkeit) ist.

Die Suite, besonders die Orchestersuite, war die vorherrschende Instrumentalform, bis sie Ende des 18. Jahrhunderts von Sonate und Sinfonie abgelöst wurde.
Die Suite als Folge von Tänzen geht in den der Unterhaltung dienenden Großformen der Klassik auf, vor allem im *Divertimento*, aber auch in der *Cassation* und der *Serenade*. Allerdings liegt der Schwerpunkt in all diesen Stücken auf Sonatenhauptsätzen. An die Suite erinnern die Tanzsätze, die – vor allem im Divertimento – in größerer Zahl vorkommen.

Der interessierte Leser kann sich ein Bild von dieser Unterhaltungsmusik der Klassik machen, wenn er sich eine der großen Serenaden von *W. A. Mozart* (z. B. «*Posthornserenade*» *KV 320* oder «*Haffnerserenade*» *KV 250*) anhört. An ihnen läßt sich schön die Verbindung von Elementen der Sinfonie (Sonatenhauptsätze), der Suite (Menuette) und sogar des noch zu besprechenden Solokonzerts zeigen.

2. Sonate und Sinfonie

In den Konzertprogrammen tauchen immer wieder die Bezeichnungen «Sonate» oder «Sinfonie» auf. Beides sind musikalische Großformen, die aus mehreren, meist selbständigen Sätzen bestehen.

Beide Begriffe haben ihren Ursprung in der Zeit, in der sich die Instrumentalmusik von der das ganze Mittelalter beherrschenden Vokalmusik zu lösen begann. Das war um die Wende vom 16. zum 17. Jahrhundert. *Giovanni Gabrielis «Sonata pian e forte»* von 1597 ist ein frühes Beispiel, das diese Bezeichnung verwendet. Stücke aus dieser Zeit unterscheiden sich allerdings noch wesentlich von dem, was wir heute Sonate oder Sinfonie nennen.

> Die Bezeichnung «*Sonata*» wird damals, der Wortbedeutung entsprechend, lediglich zur Unterscheidung des auf Instrumenten gespielten Stükkes von der gesungenen «*Cantata*» benutzt (sonare = klingen, cantare = singen).

Ein instrumentaler Einleitungssatz oder ein Zwischenspiel für Instrumente in einer größeren Vokalkomposition wurde damals auch bereits «*Symphonia*» genannt. Die Bezeichnungen Sonate und Sinfonie werden oft gleichbedeutend verwendet und gemeinsam ist beiden in dieser frühen Zeit auch, daß mit ihnen noch keine bestimmte Form verbunden ist. Doch bilden sich im Laufe des 17. Jahrhunderts bestimmte Grundtypen heraus:

«*Sonata da chiesa*» (Kirchensonate) mit der Satzfolge langsam – schnell – langsam – schnell und die «*Sonata da camera*» (Kammersonate), in der vor allem Tanzsätze (schnell – langsam – schnell) aneinandergereiht werden. Die Kirchensonate war vorwiegend polyphon, die Kammersonate homophon komponiert, doch verwischen sich die Grenzen zwischen beiden Typen allmählich.

Am weitesten verbreitet bleibt die Folge von vier Sätzen:

langsam − schnell − langsam − schnell,

wobei die langsamen Sätze oft wie eine Einleitung zum folgenden schnellen Satz wirken und diesen Charakter auch dadurch beweisen, daß sie auf der Dominante enden. Die Sätze dieser Sonate der Barockzeit stehen in der gleichen Tonart. Die Taktarten wechseln häufig zwischen ungerade und gerade ab. Ein zweites Thema, wie wir es im Sonatenhauptsatz kennengelernt haben, und auch die dort übliche Verarbeitung von Themen oder Motiven, gibt es noch nicht.

Anschauliche Beispiele für diese ältere Sonate finden sich im Werk aller bedeutenden Barockkomponisten (Händel, Bach, Corelli, Tartini u.v.a.).

Erst Mitte des 18. Jahrhunderts entsteht durch Haydn, Mozart und Beethoven der Typ der «klassischen Sonate», so wie wir ihn heute in vielen Bereichen der Musik finden. Auch die klassische Sonate ist eine Folge von Sätzen. Doch diese unterscheiden sich nicht nur im Tempo, wie in der Barocksonate, sondern auch im Charakter und im formalen Aufbau des einzelnen Satzes.

So entsteht in der Klaviersonate von Haydn und Mozart ein erstes Grundschema:

Sonate bei Haydn und Mozart

	Tempo	Form
1. Satz:	Allegro	Sonatenhauptsatz
2. Satz:	Adagio oder Andante	Liedform, evtl. Variationen
3. Satz:	zwischen Allegretto und Presto	Rondo

Parallel zur Sonate entwickelten sich nach dem gleichen Schema auch Instrumentalformen für Kammermusikbesetzungen oder Orchester. Vor allem Joseph Haydn praktizierte mit dem leicht zu handhabenden Streichquartett das, was wir über Satzfolge und Satztechnik aus seinen und den Sinfonien anderer Klassiker wissen.

Zwischen der Sonate auf der einen und dem Streichquartett und der Sinfonie auf der anderen Seite gab es von Anfang an einen wesentlichen Unterschied:

Während Haydns und Mozarts Sonaten in der Regel dreisätzig waren, wiesen ihre Streichquartette und Sinfonien von Anfang an einen zusätzlichen Satz auf. Er steht an dritter Stelle und ist ein Menuett.

Sinfonie und Streichquartett ab Haydn

	Tempo	Form
1. Satz:	Allegro	Sonatenhauptsatz
2. Satz:	Adagio oder Andante	Liedform, evtl. Variationen
3. Satz:	Allegretto bis Presto	Menuett mit Trio, später Scherzo (zusammengesetzte dreiteilige Liedform)
4. Satz:	Allegretto bis Presto	Rondo, auch Sonatenhauptsatz

Als Beispiel möge *Haydns Sinfonie Nr. 94 in G-Dur* mit dem Untertitel «*mit dem Paukenschlag*» dienen.

Nach einer langsamen Einleitung entwickelt sich aus einem mehr melodischen ersten und einem mehr rhythmisch geprägten zweiten Thema ein Sonatenhauptsatz, dessen Durchführung im Wesentlichen mit dem Material des ersten Themas bestritten wird.

Als 2. Satz folgt eine Variationenfolge über ein berühmtes volkstümliches Thema:

Dieser Satz enthält im Thema inmitten einer durch die dynamischen Bezeichnungen p und pp bestimmten Umgebung auch den namengebenden Paukenschlag, der allerdings so deutlich gar nicht in Erscheinung tritt, da er Teil eines ff-Akkords des ganzen Orchesters ist.

Der 3. Satz ist ein lebhaft-heiteres Menuett, dessen Trio seinen Hauptgedanken durch Umkehrung des Menuett-Mittelteils gewinnt.

Der 4. Satz schließlich ist auch ein Sonatenhauptsatz, dessen beide Themen aber den gleichen volkstümlichen und tänzerischen Charakter haben, wie wir ihn vom Rondo kennen.

Die Notenbeispiele zeigen einen weiteren Unterschied zwischen der klassischen und der Barocksonate: in der Regel stehen nur die beiden Außensätze in der Grundtonart. Die beiden Mittelsätze benutzen häufig verwandte Tonarten.

Bei Beethoven wird die Sonate dem hier für die Sinfonie beschriebenen Schema angeglichen, indem auch sie durch Einbeziehung des Menuetts viersätzig wird.

Die Bezeichnung «Menuett» verschwindet jedoch sehr bald und wird durch «Scherzo» ersetzt.

Damit wird der Wandel vom behäbigen Tanzsatz zum oft wild-dämonischen Charakterstück angedeudet. Das Tempo dieses Satzes steigert sich bis zum Presto, der formale Aufbau bleibt aber der gleiche wie vorher (zusammengesetzte dreiteilige Liedform).

Seit dieser Angleichung hat das aufgezeigte Schema der viersätzigen Sonate universelle Bedeutung. Ein so gebautes Stück

- für ein begleitetes oder unbegleitetes Soloinstrument ist eine *Sonate* (Klaviersonate, Violinsonate usw.);

- für ein Orchester ist eine *Sinfonie*;

- für eine Kammermusikbesetzung erhält seinen Namen nach der Zahl und Art der verwendeten Instrumente, wobei in der Regel nur Abweichungen von der Streicherbesetzung besonders erwähnt werden. (z. B. *Streichquartett*, *Klaviertrio* = Klavier, Violine und Violoncello, *Oboenquartett* = Oboe und drei Streicher, *Klarinettenquintett* = Klarinette und vier Streicher usw.)

Zwar werden gelegentlich die beiden Mittelsätze vertauscht, können die ursprünglich getrennten Sätze durch Überleitung miteinander verbunden werden (Beethoven 5. Sinfonie: Übergänge 3./4. Satz, Schumann 4. Sinfonie und Klavierkonzert, Mendelssohn 3. Sinfonie und Violinkonzert), kommt es zu einer Verbindung einzelner Sätze durch Zurückgreifen auf Themen aus früheren Sätzen (Beethoven 9. Sinfonie) oder die Verwendung eines Themas in mehreren Sätzen (Schumann 4. Sinfonie); zwar verlagert sich im 19. Jahrhundert das Gewicht der Sinfonie vom ersten oft auf den letzten Satz (Brahms), werden die klassischen Themen des Sonatenhauptsatzes durch Gruppen mit mehreren Themen ersetzt, deren Durchführung zu gewaltigen Dimensionen der Sätze führt; zwar vergrößert sich der ausführende Apparat beträchtlich durch Vergrößerung des Instrumentariums wie auch durch die Aufnahme von vokalen Solo-wie Chorpartien.

Im Kern bleibt aber das Grundschema erhalten und zeigt damit, wie langlebig und wandlungsfähig diese musikalische Form ist.

3. Die sinfonische Dichtung

Schon im Mittelalter versuchten die Musiker, mit den Mitteln der Musik außermusikalisches Geschehen nachzuahmen. Immer wieder kommen grollende Gewitter, zwitschernde Vögel oder kriegerisches Getöse in Kompositionen vor, sind wir bereit, die Wellenbewegung einer Melodie auf Bewegungsvorgänge in der Natur zu übertragen. Beim Klang des Horns denken wir an Jagd und Wald, beim Schmettern der Trompete an Krieg oder höfische Feste. Nimmt man noch die Möglichkeit hinzu mit Hilfe der Musik unsere Gefühle nachhaltig zu beeinflussen, so haben wir alles beisammen, was der Musik erlaubt, ganze Geschichten zu erzählen.

Die Darstellung außermusikalischer Inhalte bezeichnet man als «Programmusik», die Schilderung eines bestimmten seelischen Zustandes als *«Charakterstück»*. In der Romantik mit ihrem Bestreben, die einzelnen Künste miteinander zu verschmelzen, entsteht auf dieser Basis in Verbindung mit der in der Sinfonie entwickelten Durchführungstechnik die *«Sinfonische Dichtung»*.

Die Sinfonische Dichtung ist ein in der Regel einsätziges Orchesterstück, in der große literarische oder historische Gestalten musikalisch dargestellt werden (z. B. Strauss: «Till Eulenspiegel», «Don Juan», «Don Quixote»/M. Ravel: «Daphnis und Chloe»/F. Liszt: «Tasso», «Orpheus», «Mazeppa», «Prometheus»).

Aber auch Natureindrücke (z. B. Smetana: «Die Moldau»/Sibelius: «Finlandia»/R. Strauss: «Eine Alpensinfonie»/Borodin: «Steppenskizze aus Mittelasien») oder Werke der bildenden Kunst (Liszt: «Hunnenschlacht» nach dem Gemälde von Kaulbach) und Dichtung (z. B. Dukas: «Der Zauberlehrling» nach Goethes Ballade) liefern den Stoff für Sinfonische Dichtungen.

Neben der einsätzigen Form gibt es auch die Zusammenfassung mehrerer selbständiger Stücke zu einem Zyklus oder einer Suite (z. B. Moussorgsky: «Bilder einer Ausstellung»/Smetana: «Mein Vaterland»/Reger: «Vier Tondichtungen nach A. Böcklin»/Respighi «Fontane di Roma», «Pini di Roma», «Feste di Roma») oder auch *«Programm-Sinfonien»*, die sich formal noch an die Sinfonie halten, aber inhaltlich dem neuen Ideal huldigen (z. B. Berlioz: «Phantastische Sinfonie», «Harold in Italien»/Liszt: «Faust-Sinfonie»/R. Strauss: «Aus Italien», «Sinfonia domestica»).

Interessant an all diesen unterschiedlichen Erscheinungsformen ist, daß einerseits die außermusikalische Idee für den Hörer einen «roten Faden» liefert, der das Verständnis des Werkes erleichtert, daß den Komponisten aber trotzdem auch eine klare formale Gliederung unerläßlich erschien. Eine besondere Rolle spielt dabei die Sonatenhauptsatzform, aber auch das Rondo. Gelegentlich kommt es auch zur Verbindung verschiedener formaler Prinzipien wie etwa in «Till Eulenspiegel», von dem Richard Strauss angibt, er sei «nach Schelmenweise in Rondoform» gesetzt.

Eine Analyse zeigt, daß das Stück ein Sonatenhauptsatz mit zwei Themengruppen ist, in den als Durchführung ein Rondo eingeschoben ist.

Damit wäre unsere Betrachtung wieder an dem Punkt angekommen, an dem sich beweisen läßt, daß es in der Welt der musikalischen Formen nichts Starres gibt, sondern nur Rahmenvorstellungen, die der Phantasie des Komponisten noch einen großen Spielraum lassen.

4. Concerto grosso und Solokonzert

Die durch die moderne Stereo-Technik möglich gewordene Raumwirkung von Musik hat schon die Musiker vor vier Jahrhunderten gereizt. Schon zur Zeit, als sich die Instrumental- von der Vokalmusik löste, wurde der Raum in die Kompositionen als besonderer Effekt einbezogen. *Giovanni Gabrieli* (vgl. S. 93) stellte in seinen Kompositionen räumlich getrennt aufgestellte Instrumenten – und/oder Chorgruppen gegenüber und schuf damit eine «life-Stereophonie». Neben der Raumwirkung war in diesen mehrchörigen Kompositionen der Klangunterschied der Gruppen für den Hörer reizvoll. Sänger gegen Instrumentalisten, Bläser gegen Streicher, Holzblasinstrumente gegen Blechbläser, hohe gegen tiefe Instrumente – eine Fülle von Möglichkeiten stand dem Komponisten zur Verfügung.

Als besonders interessant erwies sich die Gegenüberstellung einer kammermusikalischen, solistisch besetzten Klanggruppe mit einem Streichorchester. Stücke, die diese Wirkung ausnutzten, waren zu Beginn des 18. Jahrhunderts besonders beliebt. Man bezeichnete sie als *Concerti grossi*. Die kleine Gruppe, *Concertino* genannt, bestand bei den italienischen Komponisten, aber auch bei Georg Friedrich Händel in der Regel aus zwei Violinen und Generalbaß (= Violoncello und Cembalo), also aus jener Besetzung, für die in der Kammermusik die vielen «Trio-Sonaten» geschrieben wurden. In Deutschland wurden im Concertino gerne Bläser verwendet und damit zum Orchester (dem «*Concerto grosso*») neben dem dynamischen auch noch ein Klangfarbenunterschied geschaffen.

So verwendet *J. S. Bach* in seinen Beiträgen zu dieser Gattung, den «*Brandenburgischen Konzerten*» sehr verschiedene Concertino-Besetzungen:
im 1. Brandenburgischen Konzert drei Oboen, Fagott und zwei Hörner,
im 2. Trompete, Flöte, Oboe und Solo-Violine,
im 4. Solo-Violine und zwei Blockflöten,
im 5. Flöte, Violine und solistisches Cembalo.

Der aufmerksame Leser wird erstaunt sein, daß in diesem Abschnitt noch immer nichts über formale Verhältnisse gesagt wurde. Tatsächlich ist das Concerto grosso keine neue musikalische Form, sondern eine spezielle Aufführungspraxis, die wohl Auswirkungen auf die Kompositionstechnik (Berücksichtigung der beiden Klanggruppen) hatte, aber sich der damals beliebten und eingeführten Formen bediente. Viele Concerti grossi sind daher formal Suiten oder entsprechen der Satzfolge der Sonata da chiesa.

In der Barockzeit entwickelt sich neben oder aus dem Concerto grosso mit seiner Gegenüberstellung einer kleinen und einer großen Gruppe das *Solokonzert* mit nur einem konzertierenden Instrument. Die Orgel (vor allem bei Händel) und die Violine (bei Corelli, Tartini, Vivaldi und Bach) sind die ersten Solo-Instrumente; Cembalo, Violoncello und Flöte folgen.

Im 18. Jahrhundert wird das Solokonzert zu einer der beliebtesten Erscheinungsformen instrumentalen Musizierens. Auch an ihm geht der große Formenwandel dieser Zeit nicht vorüber. Das Solokonzert verschmilzt in der Klassik mit der Sonate. Dabei bleibt das dreisätzige Grundschema immer gültig, das wir bei den Sonaten Haydns und Mozarts kennengelernt haben.

Der Wechsel zwischen Soloinstrument und Orchester bedingt jedoch auch Änderungen im formalen Aufbau, besonders des ersten Satzes.

So erklingt die Exposition des Sonatenhauptsatzes zunächst nur im Orchester. Erst bei der Wiederholung der Exposition tritt das Solo-Instrument hinzu. Das thematische Material wird dabei auf Solo-Instrument und Orchester verteilt, wobei es oft erweitert oder variiert wird. Manchmal verwendet das Solo-Instrument auch ein eigenes, die technischen Möglichkeiten des Instruments besonders berücksichtigendes Thema. Die Exposition erhält auf diese Weise ein besonderes Gewicht und übertrifft an Umfang meist den Durchführungsteil.

Die Reprise weist zunächst keine Besonderheiten auf, doch kurz vor der Coda oder dem Eintritt der Schlußkadenz kommt das Geschehen auf einem Quartsextakkord zur Ruhe. Ursprünglich hatte nun der Solist die Aufgabe, diesen mit einer Fermate versehenen Akkord improvisierend auszuschmücken, ehe das Orchester die Schlußkadenz anfügt.
Sehr bald entwickelte sich aus dieser Verzierung ein eigener Formteil: die *Kadenz* des Solisten, in der dieser seine Virtuosität zeigen kann, aber auch die Fähigkeit, das thematische Material des Satzes selbst durchzuführen.

Kadenzen kommen auch in den beiden anderen Sätzen vor, haben dort aber geringeren Umfang. Formal weisen diese beiden Sätze keine Besonderheiten auf, außer daß sowohl im (als mehrteilige Liedform geschriebenen) langsamen Satz wie auch im abschließenden Rondo der Wechsel von Solo und Orchestertutti das Stück für den Hörer besonders interessant und abwechslungsreich macht.

Auch das Solokonzert, das bis in unsere Tage von fast allen Komponisten gepflegt wird, paßte sich immer der allgemeinen musikalischen Entwicklung an. Das wurde besonders deutlich in der zweiten Hälfte des 19. Jahrhunderts, als das Solokonzert bei *Johannes Brahms* zu einer Art Sinfonie mit obligatem Solo-Instrument wurde, indem das Orchester aus seiner Begleitfunktion heraustrat und mindestens zum gleichberechtigten Partner, wenn nicht zur führenden Kraft im sinfonischen Geschehen wurde.

Für den Musikfreund, der seine inzwischen erworbenen Kenntnisse in der Formenlehre auf die Probe stellen will, ist ein Stück aus dem Bereich der Sinfonischen Dichtung besonders interessant.

Zwar ist ihm durch ein mehr oder weniger ausführliches Programm ein «roter Faden» für das Verständnis des Inhalts gegeben. Aber im Titel ist in der Regel noch kein Hinweis auf die Kräfte vorhanden, die dem Stück auch eine formale Geschlossenheit geben.

Versuchen wir also an einem vom Programm her interessanten Beispiele die Form, vielleicht auch den Zusammenhang zwischen Form und Inhalt, herauszufinden.

1867 schrieb *Modest Petrowitsch Mussorgski* (1839-1881) ein Orchesterstück mit dem Titel *«Eine Nacht auf dem kahlen Berge»*. Er änderte das Stück mehrmals um, weil er es z. B. in eine Oper einfügen wollte. So liegen vier Fassungen vor. Doch wenn das Stück heute im Rundfunk erklingt oder wir eine der vorliegenden Plattenaufnahmen hören, dann handelt es sich fast immer um jene Bearbeitung, die *Rimski-Korsakow* 1886 anfertigte. Hinweise, die Mussorgski einer der ursprünglichen Fassungen mitgab, und die auch für Rimski-Korsakows Bearbeitung gelten, erklären uns, daß sich hinter dem merkwürdigen Titel eine Schilderung der Walpurgisnacht verbirgt. Das Stück soll danach
  1. die Versammlung der Hexen,
  2. Satans Erscheinen und seine Verherrlichung,
  3. den Hexensabbat und
  4. die Vertreibung des Höllenspuks durch den Tagesanbruch
mit musikalischen Mitteln darstellen.

Schon beim ersten Anhören läßt sich der letzte Abschnitt leicht erkennen: hier wechselt die Stimmung vom Unheimlich-Grausigen zum Idyllisch-Friedlichen. Eine Glocke im Orchester läßt die Uhr der Dorfkirche die Morgenstunde schlagen. Der davor liegende, viel längere Abschnitt bleibt aber undurchsichtig, bietet er doch dem Ohr wenig Anhaltspunkte für eine Gliederung.

Zieht man den Notentext heran, so zeigt sich, warum das so ist: das ganze Stück wird – mit Ausnahme des Schlußabschnitts – von einer wilden Rhythmik beherrscht, dessen Vielgestaltigkeit sich erst bei genauem Hinsehen als Abwandlungen eines einzigen Grundgedankens herausstellt. Dieser Grundgedanke ist die beharrliche Wiederholung eines Zentraltons, der in immer neuer Rhythmisierung und Umspielung erscheint:

Der jeweils umspielte Zentralton ist durch x gekennzeichnet.

Mit diesen rhythmischen Motiven verbinden sich melodische, die in der Reihenfolge ihres Erscheinens hier vorgestellt werden. Dabei zeigt sich, daß auch im melodischen Bereich neue Motive aus bereits vorhandenen gewonnen werden.

105

Achtet man beim erneuten Anhören auf dieses Material, so ergibt sich eine Gliederung in Abschnitte, die von einheitlichem Material beherrscht sind.
Diese Gliederung läßt sich in einer Tabelle darstellen:

	Takte (lfd. Nr.)	Charakteristische	
		rhythmische Elemente	melodische Elemente
A	1-35	$1-3$	a und vor allem b
	36-60	= Transposition der Takte 1-25 einen Halbton höher	
	61-133	$4-5$	c
	134-155	von d abgeleitetes Tonleiter-motiv	a, a^1, a^2
	156-163	–	e
	164-217	6	c^1, sowie Abwandlungen von b und d^2
B	218-229	6, 2	c
	230-233	= Takt 26 - 29	
	234-237	–	e
	238-249	= Takt 218 - 229	(c)
	250-255	= Takt 61 - 66	
	256-259	–	e
A¹	260-282	= Takt 1 - 25	
	283-358	= Takt 82 - 150	
	359-366	= Takt 194 - 201	
	367-370	1	c^1
	371-380	= Takt 120 - 129	
Code	381-432		verwandt mit d^2, aber lyrisch
	433-458		f

Diese Tabelle zeigt genau, was das Ohr vielleicht inzwischen auch schon erkannt hat: gegen Ende des Stückes werden große Teile des Anfangs wiederholt, in der Mitte erscheint ein neuer, beherrschender Gedanke, der mit bereits dagewesenem Material konfrontiert wird.

So würde sich als erster Formvorschlag das Schema ergeben:

$$A - B - A^1 - \text{Coda (vgl. Tabelle)}$$

Erinnert aber der Mittelteil B nicht auch an die Durchführung eines Sonatensatzes?
Tatsächlich kommt es immer wieder vor, daß in Sinfoniesätzen ein neues Thema in der Durchführung eingeführt wird. Und die Wiederaufnahme oder Verarbeitung von früher erschienenem Material ist für eine Durchführung charakteristisch. Wer sich zu dieser Überlegung bereitfindet, wird auch leicht in unserem Teil A eine freie Exposition erkennen, denn dieser Abschnitt ist entsprechend untergliedert und jede Unterteilung geht von neuem melodischen und rhythmischen Material aus.

Das Formschema könnte also auch das eines Sonatenhauptsatzes sein:

Exposition	–	Durchführung	–	Reprise	–	Coda
(Takt 1-155)		(Takt 156-259)		(Takt 260-380)		(Takt 381-458)

Beide Formprinzipien lassen sich schließlich gleich gut mit dem Programm in Beziehung setzen:

A oder Exposition	=	Versammlung der Hexen
B oder Durchführung	=	Erscheinen Satans und seine Verherrlichung
A oder Reprise	=	Hexensabbat
Coda	=	Tagesanbruch

IX. «Wo man singt ....»

oder

die Vokalformen

Unser Gang durch die Welt der musikalischen Formen nähert sich dem Ende. Vorher müssen wir uns jedoch noch in dem großen Bereich der Vokalmusik umsehen. Hier werden wir aber formal nicht viel Neues entdecken, da die in der Vokalmusik vorkommenden Formen weitgehend mit den in der Instrumentalmusik verwendeten übereinstimmen. Das könnte dem aufmerksamen Leser schon aufgefallen sein. Besonders in den Anfangskapiteln dieses Buches wurden immer wieder Lieder als Beispiele zur Veranschaulichung herangezogen.

So werden im Schlußkapitel nur noch Hinweise auf das Vorkommen der bereits bekannten Formen im Vokalbereich nötig sein. Einige Besonderheiten gibt es aber auch, die genauer behandelt werden müssen.

1. Volkslied und Kunstlied

Typisch für das Volkslied ist seine strophische Gliederung. Die «*Strophe*» ist ein Formelement der Dichtung, das mehrere Verse (Verszeilen) zu einer geschlossenen Gruppe zusammenfaßt.

«Strophische Gliederung» in der Musik bedeutet, daß die Strophen der Dichtung stets musikalisch gleich vertont sind. Da die Strophe eines Gedichts aber aus einer Reihe von Versen besteht, ist auch eine musikalische Untergliederung häufig.

Wir wollen noch einmal zusammenstellen, welche Reihungen innerhalb einer Strophe vorkommen können:

$a - a^1$ («Nun ruhen alle Wälder»)

a – b («Wach auf, wach auf, du Handwerksgesell»)

a – b – a («Der Jäger in dem grünen Wald»)

a – a – b («Ach, bittrer Winter»)

a – b – b («Es ist ein Schnee gefallen»)

a – a – b – a («Der Winter ist vergangen»)

a – a – b – c («Die Blümelein all schlafen»)

a – b – b – c («In dulci jubilo»)

usw.

Vielerlei andere Kombinationen sind denkbar und kommen auch tatsächlich vor. In jeder Strophe wiederholt sich dann die gleiche Gliederung, sodaß sich die Melodie eines solchen Liedes leicht einprägt.

Einprägsamkeit ist ein typisches Kennzeichen des *Volksliedes.* Sie wird erreicht durch *Einfachheit* in Text, Melodie, Rhythmus und Aufbau. Eine Begleitung kann, muß aber nicht hinzugefügt werden Die Textinhalte sind allgemeingültig. Klischeehafte Wendungen sind dem Text wie der Melodie fremd. Wahrscheinlich sind Volkslieder, vor allem wegen dieser Merkmale zum Allgemeingut des Volkes geworden. Im Lauf der oft langen Geschichte mancher Lieder führte dies zu mannigfachen Veränderungen von Text und Melodie durch «Zurechtsingen». Die eigentlichen Schöpfer des Liedes – Dichter und Komponist – gerieten in Vergessenheit.

Durch die *Langlebigkeit* unterscheidet sich das Volkslied vom Schlager, den mancher Zeitgenosse leichtfertig als das Volkslied unserer Tage bezeichnet. Doch auch an anderen Kriterien zeigt sich, daß der Schlager als «Verbrauchsartikel» mit sehr begrenzter Lebensdauer gedacht ist: seine Sprache verwendet meist Klischees und Phrasen, die gerade modern sind. Sein Inhalt versucht mit Illusionen von der Realität abzulenken und hat eben nicht das wirkliche nachvollziehbare Leben und Handeln der Menschen zum Kern. Seine Musik verwendet oft – ähnlich dem Text – stereotype Formeln, die oft erst durch ein aufwendiges Arrangement für das als Begleitung notwendige Orchester genießbar werden.

Die Formenvielfalt des Volksliedes reduziert sich auf die Folge «*Vorstrophe – Refrain*», die oft keine weitere Untergliederung aufweist.

Wie beim Schlager ist auch beim «*Kunstlied*» die Begleitung (hier fast immer das Klavier) wichtiger Bestandteil der Komposition. Sie dient allerdings nicht zum Vertuschen einer Leere, sondern wird im Gegenteil notwendig, weil die Melodielinie allein den gesteigerten Ausdruckswillen des Komponisten nicht befriedigen kann.

Das zeigt sich am Besten, wenn wir z. B. das Volkslied «*Am Brunnen vor dem Tore*» mit dem gleichnamigen Kunstlied *Schuberts*, in dem es seinen Ursprung hat, vergleichen.

Das Volkslied verwendet für alle Strophen in etwa die Melodie, die Schubert für die 1. Strophe komponiert hat.

Am Brun - nen vor dem To - re, da steht ein Lin - den - baum, ich

träumt' in sei - nem Schat - ten so man - chen süs - sen Traum. Ich

schnitt in seine Rin - de so manches lie - be Wort; es zog in Freud' und

Lei - de zu ihm mich im - mer fort, zu ihm mich im - mer fort.

Die Kunstliedfassung Schuberts unterscheidet sich in mehreren Merkmalen. Hier beginnt das Lied mit einer Einleitung des Klaviers, die den Hörer das Rauschen der Blätter empfinden läßt.

Dieses Motiv leitet auch von der 1. zur 2. Strophe über. Allerdings erscheint es in e-Moll und bereitet dadurch die wehmütige Abschiedsstimmung der 2. Strophe vor («Ich mußt' auch heute wandern ...»). Die Melodie entspricht der 1. Strophe, ist aber für die ersten beiden Verszeilen nach Moll gewendet; die dritte und vierte Verszeile, in der der Lindenbaum Ruhe verheißt, steht wieder im ursprünglichen E-Dur.

Die 3. Strophe beginnt mit den Versen:
    «Die kalten Winde bliesen mir grad ins Angesicht, der Hut flog mir vom Kopfe, ich wendete mich nicht!»
Singt man diesen Text, wie beim Volkslied üblich, auf die Melodie der 1. Strophe, so spürt der Sensible die Diskrepanz zwischen der Dramatik des im Text geschilderten Geschehens und der idyllischen Melodie. Deshalb ändert Schubert im Kunstlied die Melodie und entwickelt aus dem Einleitungsmotiv eine Begleitung, die bedrohlich dahinbraust.

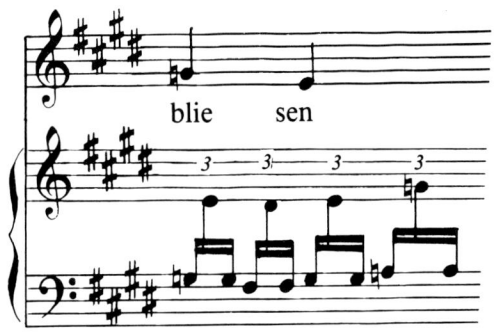

Die beiden letzten Zeilen der 3. Strophe wiederholt Schubert. Dadurch kann er dafür die Melodie der 1. Strophe verwenden, die von einer an die 2. Strophe erinnernden Bewegung des Klaviers begleitet wird, wo ja ebenfalls vom Einkehren der Ruhe die Rede ist. Die etwas abgewandelte Klaviereinleitung beschließt als Nachspiel das Lied.

Aus diesem Beispiel können wir zweierlei lernen:

1.) Die Klavierbegleitung eines Kunstliedes dient oft der Interpretation des Textes; sie verwendet dabei oft die Möglichkeiten der Tonmalerei.

2.) Die Form wird im Kunstlied stark vom Inhalt des Textes bestimmt. Während der Aufbau des Volksliedes lediglich eine dreifache Reihung des gleichen Materials darstellt, ergibt sich für Schuberts Kunstlied:

Vorspiel –	A –	A^1 –	B –	A^2
	1. Strophe	2. Strophe	3. Strophe	3. Strophe
		(1. Teil = Moll)	1. Teil	2. Teil

Wie das Schema zeigt, gibt vor allem das Prinzip der Variationen ($A \longrightarrow A^1 \longrightarrow A^2$ ...) dem Komponisten die Möglichkeit einerseits an einmal aufgestelltem Material festzuhalten, es andererseits aber auch an veränderte Stimmungen anzupassen.

Eine Spezialform des Kunstliedes ist die *Ballade*.

Sie unterscheidet sich vor allem durch ihren erzählenden, oft dramatischen Inhalt vom lyrischen Kunstlied. Dieser andere Inhalt verlangt vom Komponisten intensives Eingehen auf wechselnde Stimmungen, liebevolles Ausmalen einzelner Situationen, das Erfinden plastischer Motive, die einen Zusammenhalt der unterschiedlichen Abschnitte und den großen Bogen in der Gestaltung des Ganzen ermöglichen.

Fürwahr keine einfache Aufgabe. Es ist kein Wunder, daß sich nicht viele Komponisten für diese Gattung begeistern konnten. Der Hauptmeister der Ballade ist *Karl Loewe* (1796-1869). Doch auch von anderen Liedmeistern gibt es Beiträge, so von *Franz Schubert* (z. B. *Der Erlkönig*), *Robert Schumann, Johannes Brahms* und *Hugo Wolf* (z. B. *Der Feuerreiter*).

Die Eigenart der Balladeninhalte wirkt sich auch auf die formale Gestaltung aus. Die Einbeziehung von Variationsformen, rondoartigen Formen und auch des Durchführungsprinzips aus dem Sonatenhauptsatz ist im Interesse einer plastischen Interpretation des Textes notwendig.

2. Rezitativ und Arie

Rezitativ und Arie begegnen uns vor allem als Teile von groß angelegten Werken wie Oratorium, Kantate und vor allem Oper.

Besonders eng ist ihr Entstehen mit der Entwicklung der Oper verbunden, in der lange Zeit der Wechsel von Rezitativ und Arie wichtigster Bestandteil war. Dramatisch entsprach dieser Wechsel einer vorwärts drängenden Handlung und statischen Schilderung von Zuständen und Affekten.

Daraus ergibt sich, was für unsere Formbetrachtung von Interesse ist.

Das *Rezitativ* läßt sich nach musikalischen Kriterien überhaupt nicht erklären. Es erhält seinen Sinn ausschließlich vom Text. Melodie und Rhythmus entsprechen weitgehend dem Auf und Ab der Stimme beim ausdrucksvollen Sprechen und der dabei üblichen Länge der Silben. Das Rezitativ ist also eine in Noten fixierte Deklamation des Textes. Eine Unterwerfung des Textes unter musikalische Aufbauprinzipien wie beim Lied erfolgt nicht.

Nach der Art der Begleitung unterscheidet man zwei Formen des Rezitativs:

a.) Das *Secco-Rezitativ* ist nur von wenigen Akkorden begleitet, die dem Sänger als harmonische Stütze dienen. Bis Ende des 18. Jahrhunderts wird das Secco-Rezitativ in der Regel vom Generalbaß (Cembalo und Violoncello) begleitet, doch kam es auch damals schon vor, daß die Stützakkorde vom Orchester ausgeführt wurden.

b.) An wichtigen Stellen der Handlung kann das Rezitativ melodischer gestaltet sein und die Begleitung des Orchesters kann – vor allem in den kurzen Pausen zwischen zwei Textabschnitten – zu einer musikalischen Schilderung der Situation werden. Dann sprechen wir von einem *Accompagnato-Rezitativ* (accompagnato = begleitet).

Wird der Text nach mehr musikalischen Gesichtspunkten gestaltet, so entsteht das *Arioso*, eine Übergangsform zwischen Rezitativ und Arie. Mit dem Rezitativ hat das Arioso gemeinsam, daß der Text ohne wesentliche Wiederholungen verwendet wird; auf die Arie weisen ausgeprägtere Melodik und Rhythmik sowie Ansätze einer formalen Gestaltung (in der Regel einfache Liedformen) hin.

Eindrucksvolle Beispiele für *Rezitative* finden sich in *Mozarts* Opern (in «Don Giovanni» wird als Verbindung der einzelnen «Nummern» das Secco-Recitativ verwendet, als Accompagnato sind die Einleitungen zu den Arien Nr. 23 (Donna Elvira «In quali eccessi, o Numi) und Nr. 25 (Donna Anna «Guedele? ah no, mio bene!») gestaltet.

Beispiele für das *Arioso* finden sich in *Bachs Passionen* (z. B. die Einsetzungsworte Jesu in Nr. 17 der Matthäus-Passion) und Kantaten (z. B. Eingangssatz der Kantate BWV 159, in dem ein Dialog zwischen dem ein Arioso singenden Baß – vom Generalbaß begleitet – und einer rezitativischen Altstimme stattfindet).

Die *Arie* ist ein groß angelegtes, solistisches Gesangsstück, das den absoluten Gegenpol zum Rezitativ darstellt. Während dort das musikalische Geschehen von untergeordneter, dem Text dienenden Bedeutung ist, ist die Arie ein primär musikalisches Gebilde, für das der Text dienende Funktion hat.

Das zeigt sich vor allem darin, daß vor allem im 17. und 18. Jahrhundert in der Arie mit einem Minimum an Text ein Maximum an Musik erklingt. Häufig, manchmal sogar sinnlose Textwiederholungen und gewaltige Koloraturen (kunstvolle aus Trillern, Läufen und vielgestaltigen Passagen bestehende Verzierungen) dienen diesem Zweck. Man höre sich als Beispiel dafür Arien aus der Matthäus-Passion von Bach oder auch die Arien der Königin der Nacht aus Mozarts «Zauberflöte» an.

Die wohl am häufigsten vorkommende Form für die Arie ist die dreiteilige Liedform, in der vor allem der A-Teil noch unterteilt sein kann.
Die Wiederholung dieses Teils am Ende wurde in der Regel vom Sänger ausgeschmückt. Diese Verzierungen wurden jedoch nicht aufgeschrieben; man erwartete, daß sie vom Sänger improvisatorisch ausgeführt wurden. Der Notentext einer solchen Arie konnte sich also mit der Wiedergabe der Teile A und B begnügen. Die Wiederholung des Teils A wurde durch den Vermerk «Da capo al Fine» (vom Anfang bis «Fine» = Ende) am Ende des B-Teils gefordert. Von daher kommt die Bezeichnung *Da-capo-Arie* für diese Form. Wie bei aller wortgebundenen Musik ist die Gestaltung der Arie durch den Text beeinflußt.

Schon im 18. Jahrhundert, der Blütezeit der Da-capo-Arie, kommt es zu text- und inhaltbedingten formalen Abweichungen, die in der Romantik immer häufiger werden, sodaß oft die Dramatik der Handlung den formalen Aufbau bestimmt.

3. Die vokale Mehrstimmigkeit

Wie schon an anderer Stelle erwähnt (Kapitel VIII/2) vollzog sich die Entwicklung der Mehrstimmigkeit während des Mittelalters im Bereich der Vokalmusik.

Ausgangspunkt ist der immer einstimmige *Gregorianische Choral*, eine zur Zeit des Papstes Gregor I. (der Große) um 600 angelegte Sammlung der Meßgesänge für das Kirchenjahr. Die hier in Melodiemodellen festgelegte feierliche Deklamation der liturgischen Texte wurde seit dem 10. Jahrhundert Grundlage für erste Versuche, zu einer Mehrstimmigkeit mit noch größerer emotionaler Wirkung auf den Hörer zu kommen. Im *Organum* bewegte sich zunächst unter der gregorianischen Grundmelodie eine zweite Stimme im Quart- bzw. Quintabstand parallel. Später entwickelte sich das Organum zur Drei- und Vierstimmigkeit weiter und wurde musikalisch interessanter, indem die hinzukomponierten Stimmen durch Gegenbewegung und melismatische Ausschmückung der Grundmelodie an Selbständigkeit gewannen. Damit war die Grundlage geschaffen, auf der mit dem *Discantus* der erste Schritt in Richtung auf die Kontrapunktik getan wurde. Allmählich entstand die uns schon aus Kapitel VI bekannte Technik, mehrere ganz individuell gestaltete, voneinander unabhängige Stimmen miteinander zu verbinden. Da die Kirche den Musikern die günstigsten Möglichkeiten zur Vorstellung ihrer Werke bot, vollzog sich die Entwicklung vor allem in für die Verwendung im Gottesdienst bestimmten Kompositionen.

Eine besondere Bedeutung kommt dabei der *Messe* zu. Die während des Kirchenjahrs immer wiederkehrenden Texte des Gottesdienstes wurden seit dem 14. Jahrhundert zunehmend mehrstimmig bearbeitet. Damit entstand die Messe als musikalische Form. Sie umfaßt fünf in sich abgeschlossene Sätze, die während des Gottesdienstes an verschiedenen Stellen gesungen wurden. Nach den Textanfängen lauten die Satzbezeichnungen:
1. Kyrie eleison
2. Gloria in exelsis
3. Credo in unum Deum
4. Sanctus
5. Agnus Dei.

Charakteristisch für die Meßkompositionen ist die Bindung an eine vorgegebene Grundmelodie, den «cantus firmus» (feststehender Gesang). Dieser cantus firmus mußte anfänglich ein gregorianischer Choral sein. Im Laufe der Zeit wurde diese strenge Vorschrift immer mehr gelockert, sodaß sogar weltliche Liedmelodien die Grundlage einer Meßkomposition sein konnten. Seit dem 18. Jahrhundert finden in zunehmendem Maß das Orchester sowie die inzwischen entstandenen abgeschlossenen Formen der Arie und Fuge Eingang in die Messe. Die alten Bindungen verschwinden, sodaß die Messe mehr und mehr zur persönlichen Aussage des Komponisten wird, wie das in anderen Bereichen der Musik auch der Fall ist.

Eine Spezialform der Messe mit gleicher Entwicklung ist das *Requiem*, die Totenmesse. Dem Verwendungszweck entsprechend fehlen in ihr Gloria und Credo, dafür werden speziell für diesen Anlaß bestimmte Texte eingefügt.
Das Requiem hat demnach in der Regel folgende Anordnung der Sätze:

1. Requiem aeternam …
2. Kyrie eleison …
3. Dies irae, dies illa …
4. Domine Jesu Christe …
5. Sanctus
6. Agnus Dei
7. Lux aeterna …

Schon im 13./14. Jahrhundert taucht die Bezeichnung «*Motette*» auf. Sie bezieht sich zunächst auf eine meist dreistimmige Kompositon, in der oft jede Stimme einen eigenen Text, manchmal sogar in verschiedenen Sprachen singt.
Das, was wir heute als *Motette* kennen, gibt es erst seit dem 15. Jahrhundert. Es ist eine A-capella-Komposition auf einen geistlichen Text, in der jeder Textabschnitt von einem neuen Motiv ausgeht, das polyphon verarbeitet wird.
Meisterwerke schufen *Josquin Desprez, Orlando di Lasso, Palestrina.*

Das weltliche Gegenstück zur Motette ist das *Madrigal*. Die Hauptmeister sind *Luca Marenzio, Gesuldo di Venosa* und *Claudio Monteverdi. Motette* und *Madrigal* sind die maßgeblichen Formen der Renaissance.

Von den zahlreichen weiteren Vokalformen sei letztlich noch die mehrstimmige Bearbeitung von Volksliedern genannt, die im 16. und 17. Jahrhundert eine besondere Blüte erlebte.

Wie in den geistlichen Kompositionen liegt diesen Bearbeitungen die Liedmelodie als cantus firmus zu Grunde. Er ist meistens dem Tenor anvertraut. Die übrigen Stimmen sind frei erfundene Kontrapunkte, die mehr oder weniger kunstvoll angelegt sein können. Diese Liedbearbeitungen etwa eines *Heinrich Isaac, Heinrich Finck, Ludwig Senfl, Hans Leo Haßler, Hermann Schein* sind für unser Wissen um das ältere deutsche Volkslied wichtig. Ist doch manche Volksliedmelodie in Ermanglung einer anderen Überlieferung einzig aus dem cantus firmus eines Liedsatzes erschlossen worden.

4. Die vokalen Großformen

Wie im instrumentalen Bereich entstanden auch in der Vokalmusik umfangreiche Werke, die aus einer Aneinanderreihung in sich abgeschlossener Stücke bestehen. Eine dieser Großformen haben wir bereits im vorigen Abschnitt kennengelernt: die *Messe* bzw das *Requiem*. Sie wurde dort besprochen, weil die in ihr zusammengefaßten Sätze über Jahrhunderte hinweg ausschließlich chorisch ausgeführt wurden.

Im 18. Jahrhundert wird die Messe dann den Formen angeglichen, die hier behandelt werden sollen: Werke, in denen neben dem vom Orchester begleiteten Chor auch Rezitativ, Arie, Duett und andere Ensembleformen und auch reine Instrumentalstücke vorkommen.

a) Die Oper

Eine folgenreiche musikalische «Erfindung» wurde um die Wende vom 16. zum 17. Jahrhundert gemacht: aus der Bemühung, das antike Drama in seiner originalen Gestalt wieder erstehen zu lassen, entstand die *Oper*. Die Schöpfer dieser Gattung konnten auf mittelalterliche *Mysterien-* und *Schäferspiele*, in denen die Musik bereits eine Rolle spielte, auf *Madrigalkomödien*, in denen ganze Dramen als Folge von mehrstimmigen Madrigalen komponiert wurden, vor allem aber auf den sich auch der vokalen Mehrstimmigkeit herauslösenden, von Instrumenten akkordisch begleiteten Sologesang zurückgreifen.

Der Sologesang, der die Grundlage für die musikalische Charakterisierung der in einem Drama handelnden Personen ist, glich zunächst dem Rezitativ. Sehr bald entwickelte sich aber die Melodik stärker, sodaß in der Arie die Musik eine größere Bedeutung als der für sie verwendete Text erlangte.

Die Entwicklung der Oper begann in Florenz, fand dann in Venedig seine erste bedeutende Pflegestätte; um 1700 verlagert sich das Zentrum des Operschaffens nach Neapel. Allerdings bleibt die Oper nicht auf Italien beschränkt, wie das hier aussehen mag. Von ihr ging eine ungeheure Faszination aus, die zu einer schnellen Ausbreitung in ganz Europa führte.

Rückgrat der Oper waren Rezitativ und Arie, die in jedem Werk in größerer Zahl vorkamen. Dabei hatte bis in die Mitte des 18. Jahrhunderts das Herausstellen der Sängervirtuosität in kunstvollen Arien die größte Bedeutung. Formal herrscht die Da-capo-Arie. Daneben hielten auch andere bereits bestehende oder auch neuentwickelte Formen Einzug in die Oper: das Arioso, Duette und andere Ensemblegesänge, Chöre und Instrumentalstücke wie die «Sinfonia» (ein Einleitungsstück) oder Tänze, wie wir sie aus den Suiten kennen.

Sehr bald bilden sich zwei Grundtypen der Oper heraus: die ernsthafte *Opera seria* und die heitere *Opera buffa*, die aus lustigen «Pausenfüllern» der Opera seria entstand. Beide Operntypen stellten formal eine Reihung vieler selbständiger Stücke dar, die vom Komponisten laufend numeriert wurden, was auch zu der Bezeichnung «*Nummernoper*» für diese Gestaltungsart führte.

Auch das *Singspiel* ist in Nummern gegliedert, unterscheidet sich aber von den beiden Operntypen durch gesprochene Dialoge, die zwischen den Musiknummern die Handlung weiterführen.
Die Aufnahme schlichterer, liedhafter Gesangsstücke ist für das Singspiel genau so typisch wie die Bevorzugung volkstümlicher Stoffe für die Handlung.

W. A. Mozart hat für alle drei musikdramatischen Formen meisterhafte Beispiele geschaffen.

Der opera seria gehören z. B. *«Idomeneo»* und *«La Clemenza di Tito»* an.

Beispiele für die opera buffa sind *«Die Hochzeit des Figaro», «Don Giovanni»* und *«Cosi fan tutte».*

Das Singspiel ist u.a. mit *«Bastien und Bastienne»* -und *«Die Entführung aus dem Serail»* vertreten.

In seiner *«Zauberflöte»* verwendet Mozart Elemente aller drei Typen und schafft so etwas Neues, das uns zeigen kann, daß auch in diesem Bereich der Phantasie des Komponisten keine Grenzen gesetzt sind.

Auch auf einem anderen Gebiet kommt es zur Verschmelzung verschiedenster Elemente.
Während des 18. Jahrhunderts werden immer öfter die Schlußstücke einer Oper oder auch eines Aktes erweitert, indem ganz unterschiedliche Stücke zusammengefaßt und zu einer neuen, größeren Einheit, dem *Finale*, vereinigt werden. In diesen zusammengesetzten Formen läßt sich die Steigerung der Spannung, die die Handlung einer Oper meistens am Ende eines Aktes verlangt, viel besser musikalisch verwirklichen als es in den festgefügten Formen, die sonst Verwendung finden, möglich ist.

Anhand umstehender Tabelle mag uns das Finale des 1. Aktes von Mozarts «Zauberflöte» dieses Prinzip verdeutlichen. Der interessierte Leser möge zum besseren Verständnis zuvor den Inhalt im Opernführer nachlesen.

	formale Gestaltung	Textbeginn	Beteiligte Personen	Inhalt	Tempo	Ton-art
1	Liedform, Terzett	«Zum Ziele führt dich diese Bahn»	drei Knaben	Tugendlehre	Larghetto	C
2	Rezitativ, accompagnato	«Die Weisheitslehre dieser Knaben ...»	Tamino und Priester	Gespräch mit den Priestern über Sarastros Welt		C
3	Ariette	«Wie stark ist nicht dein Zauberton ...»	Tamino	Lobpreis der Zauberflöte	Andante	C
4a	Duett (a – b – a)	«Schnelle Füße ...»	Pamina und Papageno	Flucht aus Sarastros Reich	Andante	G
b	freie Form Liedform	«Ha! Hab' ich euch noch erwischt ...» —	Monostatos (Pamina und Papageno) Sklaven	Triumph über die Vereitlung der Flucht Tanz nach dem Zauberglockenspiel	Allegro	G
c	Duett (a – b – a)	«Könnte jeder brave Mann...»	Pamina und Papageno	Freude über die besiegte Gefahr	Andante	G
5	Chor (mit Duetteinschub)	«Es lebe Sarastro»	Gefolge Sarastros Pamina und Papageno	Huldigung Angst vor neuer Gefahr	Allegro meastoso	C
6	freie Form aus Rezitativ und Liedform	«Herr, ich bin zwar Verbrecherin...»	Pamina Sarastro	Gesteht ihre Schuld zeigt Verständnis, gibt ihr aber nicht die Freiheit	Larghetto	F
	freie Form liedhaft	«Nun, stolzer Jüngling...»	Tamino und Pamina Monostatos und Sarastro	treffen sich zum ersten Mal M. erwartet vergeblich Lohn für die vereitelte Flucht	Allegro	F
7	Chor (Liedform)	«Wenn Tugend und Gerechtigkeit...»	Gefolge Sarastros	Tugendlehre	Presto	C

Auch die in der Klassik entwickelte Durchführung von Motiven und Themen findet Eingang in das Finale und ermöglicht eine noch dramatischere Gestaltung der Aktschlüsse.

Darüberhinaus wird die Dramatik der gesamten Handlung durch die wahrscheinlich ebenfalls aus der thematischen Arbeit erwachsenden *Erinnerungsmotive* gefördert. Es handelt sich dabei um besonders auffällige und einprägsame Motive, die mit einer Person oder bestimmten Situation verbunden sind.

Ein besonders schönes Beispiel dafür enthält die Oper «*Der Freischütz*» von «*C. M. Weber*».

Jedesmal wenn Samiel, die Verkörperung des Bösen, erscheint, erklingt in tiefer Lage ein unheimlich wirkender verminderter Septimakkord (Klarinette und Fagotte, Tremolo der Streicher), zu dem drei synkopische, dumpfe Schläge zu hören sind (Pizzikato der Bässe und Pauke).

Von Richard Wagner werden diese Erinnerungsmotive zu *Leitmotiven* weiterentwickelt. Im Gegensatz zu den in der Regel unverändert auftretenden Erinnerungsmotiven verwandeln sich die Leitmotive in mannigfaltiger Weise und ermöglichen so, z.B. die Veränderungen im Wesen einer Person oder einer Situation musikalisch deutlich darzustellen.
Die sinfonische Verarbeitung solcher Motive ermöglicht es Wagner, mit dem vollständig durchkomponierten Akt in der Musik einen Spannungsverlauf zu schaffen, der genau der dramatischen Entwicklung entspricht.

b) Das Oratorium

Seinem Aufbau und seiner Entstehung nach ist das Oratorium eine geistliche Oper.

Wurde doch bereits kurz nach dem Entstehen der ersten Opern in Florenz in einem römischen Betsaal, dem «oratorio», ein Bühnenwerk mit einem geistlichen Stoff aufgeführt. Nach dem Aufführungsort erhielten Werke dieser Art die Bezeichnung *Oratorium*. Bald jedoch verschwand die szenische Darstellung und es bildete sich die uns auch heute noch bekannte Form heraus. Dem Oratorium liegt ein – meist aus der Bibel genommener – Stoff zu grunde, der in einer Dichtung so bearbeitet wird, daß erzählende und dramatische Abschnitte wechseln. Die erzählenden Teile werden als Rezitativ komponiert, für die dramatisierten Abschnitte werden alle aus der Oper bekannten Mittel eingesetzt. Der Erzähler spielt eine wichtige Rolle, da er nicht nur die dramatischen Teile verbindet, sondern auch all das beschreibt, was in einer Oper auf der Bühne zu sehen wäre. Kommentierend mischt sich auch immer wieder der Chor ein, der damit gegenüber der Oper eine viel wichtigere Stellung annimmt.

Wichtigster Meister des Oratoriums ist *Georg Friedrich Händel*.
Gelegentlich wurden auch weltliche Stoffe in Oratorien verwendet. Hier schuf *Joseph Haydn* mit seiner «*Schöpfung*» und den «*Jahreszeiten*» die bekanntesten Werke.

c) Die Passion

Die Passion ist eine Spezialform des Oratoriums. Wie dieses verwendet sie Instrumentalstücke, Chöre, Rezitative, Arien und andere Formen dramatischer Musik. Der Unterschied besteht hauptsächlich im verwendeten Stoff. Er ist – wie es der Name schon andeutet – immer die Leidensgeschichte Jesu Christi. Die Textquelle – der Name der Evangelisten – wird in der Regel im Titel des Werkes angegeben wie in den beiden vielleicht bedeutendsten Beiträgen zu dieser Gattung, *J. S. Bachs* «*Matthäus-Passion*» oder «*Johannes-Passion*».

d) **Die Kantate**

Ursprünglich bedeutet die Bezeichnung nur ein gesungenes Stück, in dem Solo-gesangsstücke und Chorabschnitte miteinander abwechseln.

Im 17. Jahrhundert entwickelt sich unter dem Einfluß der in der Oper entstandenen neuen Möglichkeiten die uns heute geläufige Form der *Kantate*, die zu einem wichtigen Bestandteil der protestantischen Kirchenmusik wird.

Sie hat mehrere Sätze, in denen die Melodie vorherrscht. Das geschieht in – meist von einem Rezitativ eingeleiteten – Arien, aber auch in Ensemblestücken für mehrere Solostimmen oder Chorsätzen. Formal ergeben sich für die Kantate keine neuen Probleme. Ihre Bestandteile wurden alle bereits in früheren Abschnitten behandelt.

6. und letzter Exkurs

In den Exkursen haben wir immer zu zeigen versucht, daß einerseits die im vorausgehenden Abschnitt besprochenen Formen nicht als starre, unveränderliche Gebrauchsanweisung anzusehen sind, daß andererseits aber auch mit etwas Phantasie auf der Grundlage des Bekannten recht komplizierte Abwandlungen der «Standardformen» entschlüsselt werden können.

Im vorausgegangenen Abschnitt über die Vokalformen ist dem aufmerksamen Leser sicher zweierlei aufgefallen: zum einen wurde immer wieder auf die bereits besprochenen Formen verwiesen, zum anderen ist besonders in den Großformen ein Zug zur Schaffung neuer größerer Einheiten zu beobachten.

Gerade diese letzte Eigenart gibt für unseren letzten Exkurs noch einmal interessante Stoffe ab.

Wir wollen aus *C. M. von Webers* Oper «*Der Freischütz*» den ersten Auftritt des Jägerburschen Max wählen der als «*Szene und Arie*» bezeichnet ist.

Der Hörer, der diese Bezeichnung liest, glaubt sich damit hinreichend informiert, denn was eine Arie ist, hat er ja inzwischen gelernt. Hört er aber das Stück, so steht er einem großen, vielfältig gegliederten Gebilde gegenüber, das wohl, wie für die Arie üblich, von einem einzigen Sänger dargeboten wird, das aber formal dem besprochenen Muster nicht entspricht.

Worum geht es in dem Stück?

Der Jägerbursche Max ist gerade bei einem Königsschießen von einem Bauern besiegt und deshalb von den Festbesuchern tüchtig ausgelacht worden. Am Beginn des Abschnittes spielt die Bauernmusik einen Walzer; tanzend zieht die Gesellschaft in das Wirtshaus.

Zurück bleibt Max, der mit seinem Schicksal hadert. Er denkt an die frühere Zeit, als er ein erfolgreicher Schütze war; er denkt an seine Braut, die auf seinen Erfolg beim Schützenfest hofft, und er gerät in tiefe Verzweiflung, weil sein Mißerfolg ein schlimmes Omen ist. Denn am nächsten Tag will er durch einen Probeschuß die Försterei und die Heiratsgenehmigung erringen.

Wie ist das nun komponiert?

Am Anfang steht der Bauernwalzer, der die Handlung auf der Bühne unterstützt. C. M. von Weber schreibt ihn so einfach, daß man die bäuerliche Herkunft glaubt. Das Stück entspricht der dreiteiligen Liedform, ist aber auf einem einzigen Motiv aufgebaut, das im Mittelteil lediglich eine Quinte höher, also in der Dominanttonart verwendet wird.

Eine Coda schließt sich an, in der das Abziehen der Gesellschaft komponiert ist: in einem großen Decrescendo löst sich der Walzer in Motivfetzen auf und es bleiben am Schluß lediglich noch Teile der Begleitung übrig. Nach einer Generalpause setzt ein Accompagnato-Rezitativ ein, an dem noch einmal schön die den Textinhalt interpretierende Funktion der Orchestereinschübe gezeigt werden kann:

Auf dem Höhepunkt, setzt der Sänger mit dem Aufschrei «Nein, länger trag ich nicht die Qualen ...» ein. Der Ausbruch dauert nicht lange. Max – und mit ihm die Musik – beruhigt sich; eine schöne geschlossene Melodie macht Maxens Erinnerungen an frühere glückliche Zeit glaubhaft.

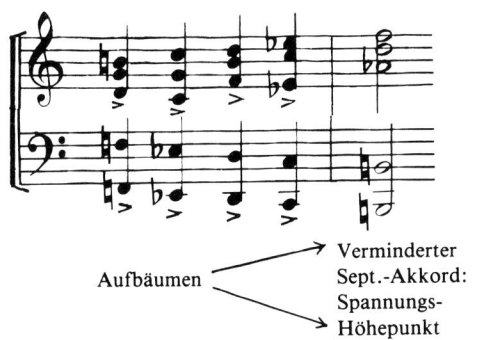

Die Unbeschwertheit dieser Zeit wird durch die gehäufte Verwendung punktierter Notenwerte unterstrichen. Formal ist auch dieser Teil eine dreiteilige Liedform, deren letzter Teil eine Weiterentwicklung des ersten ist.

Am Ende bleibt nur der Grundton von Es-Dur stehen, zu dem dann der Ton ges hinzutritt: aus Es-Dur ist es-Moll geworden; damit wird die Rückkehr der trüben Gedanken signalisiert: «Hat denn der Himmel mich verlassen?»

Vertont sind die hier folgenden Sätze als Secco-Rezitativ, dessen Akkorde im Orchester in verhältnismäßig tiefer Lage erklingen. Nach dem ersten Satz des Textes steht in Webers Partitur die szenische Anweisung: «Samiel (der Böse) tritt, fast bewegungslos, im Hintergrunde rechts einen Schritt aus dem Gebüsche».

An dieser Stelle erklingt das im vorigen Kapitel im Notenbeispiel vorgestellte Erinnerungsmotiv für Samiel: der verminderte Septimakkord mit den drei synkopischen Paukenschlägen. Es wiederholt sich auch nach dem folgenden Ausruf von Max.

Noch einmal schwindet die düstere Stimmung; ein neuer arioser Teil folgt, der in zwei Teilen das gleiche Material verwendet.

Jetzt ist wohl ihr Fen - ster of - fen, und sie horcht auf mei - nen Tritt

Auch in diesem Teil wird durch malerische Effekte des Orchesters der Text verdeutlicht, wie z. B. das Blätterrauschen durch eine säuselnde Bewegung der Streicher. Doch auch dieser Lichtblick wird von der Verzweiflung, in der sich Max befindet, schnell verdrängt.

Unvermittelt setzt der Schlußteil «Allegro con fuoco» ein. Synkopen in der Begleitung bringen die Unruhe zurück. Der Gesang Maxens vollzieht sich in einer freien Form, die eine große Steigerung zum Schluß hin ermöglicht. Die Ausweglosigkeit spiegelt sich in einer häufigen Wiederholung kleiner Textabschnitte und der damit verbundenen Motive. Dadurch erinnert dieser Schlußabschnitt noch am stärksten an die Arie, während die beiden vorausgegangenen schlichter und liedhafter sind.

Das mit «Szene und Arie» überschriebene Stück erweist sich also auch als ein Charakterbild des Jägerburschen Max. Dessen Labilität spiegelt sich in den ausgesprochenen Gedanken wie in der aus unterschiedlichen Elementen zusammengesetzten Form.

1.	Walzer (a – a¹ – a Coda)	Tanz der Bauern
2.	Accompagnato-Rezitativ	Auseinandersetzung Maxens mit der gegenwärtigen Situation
3.	Arie 1 (a – b – a¹)	Erinnerung an bessere Zeiten
4.	Secco-Rezitativ mit Erinnerungsmotiv	Zweifel an Gott und der Vorsehung
5.	Arie 2 (a – a¹)	Gedanken an die Braut
6.	Arie 3 (freie Form)	völlige Verzweiflung

Erwähnte Musikwerke, die der Leser zum besseren Verständnis des Textes hören, möglichst auch im Notentext anschauen sollte.

Kapitel I: L. v. Beethoven, 5. Sinfonie c-Moll, op. 67, 1. und 2. Satz

L. v. Beethoven, Klaviersonate op. 57, f-Moll, (Appassionata), 2. Satz)

Kapitel II: A. Bruckner, 4. Sinfonie Es-Dur (Romantische), 1. Satz

L. v. Beethoven, Leonoren-Overtüre Nr. 3

W. A. Mozart, Eine Kleine Nachtmusik (Serenade Nr. 13 G-Dur, KV 525), 1. Satz

L. v. Beethoven, 5. Sinfonie c-Moll, op. 67, 3. Satz

Kapitel III: L. v. Beethoven, 9. Sinfonie d-Moll, op. 125, Schlußchor

W. A. Mozart, Klaviersonate A-Dur KV 331, 1. Satz

J. Brahms, 1. Sinfonie c-Moll, op. 68, 4. Satz

A. Dvořák, 9. Sinfonie e-Moll, op. 95, 2. Satz

Kapitel IV: J. Haydn, Sinfonie Nr. 101 D-Dur, 3. Satz

J. S. Bach, Violinkonzert E-Dur, BWV 1042, 3. Satz

L. v. Beethoven, Sonate Nr. 8, c-Moll, op. 13 (Pathétique)

L. v. Beethoven, «Die Wut über den verlorenen Groschen» Rondo a capriccio für Klavier, G-Dur, op. 129

1. Exkurs:

J. S. Bach, 1. Brandenburgisches Konzert F-Dur, BWV 1046, 4. Satz

Kapitel V: W. A. Mozart, Variationen über «Ah! vous dirai-je Maman», KV 265

J. Haydn, Streichquartett in C-Dur, op. 76 Nr. 3 (Kaiser-Quartett), 2. Satz

F. Schubert, Kunstlied «Die Forelle»

F. Schubert, Quintett für Klavier, Violine, Viola, Violoncello und Kontrabaß A-Dur, op. 114, D. 667 (Forellen-Quintett), 4. Satz

J. Brahms, Variationen über ein Thema von Haydn, op. 56

J. S. Bach, Passacaglia c-Moll, BWV 582

2. Exkurs:

M. Ravel, Bolero

Möller, Arnold:

Elementare Musiktheorie und Gehörbildung
mit Aufgaben für den Selbstunterricht

Für Schüler, Lehrer, Chorerzieher,
zur Vorbereitung für Aufnahmeprüfungen
ZM 2475

Herzfeld, Friedrich:

Kleine Musikgeschichte für die Jugend

Kein trockenes Lehrbuch, sondern meisterliche Erzählung
von der Macht der Töne im Menschenleben
ZM 7

... und zur Entspannung ...

Rosenstengel, Albrecht:

Der fröhliche Musikus

Lustige Plaudereien, Bilder, Rätsel,
Anekdoten, Gereimtes und Gesammeltes
ZM 2390

Sous, Alfred:

Musikalische Ketzereien

14 heitere Geschichten mit Zeichnungen von Rudolf Mandalka